Doris Iding

Es muss dir nicht bang sein

Doris Iding

Es muss dir nicht bang sein

Weisheiten und Meditationen über Leben und Tod

Kösel

Druck und Bindung: Kösel, Krugzell
Umschlag: Kaselow Design, München
Umschlagmotiv und Motiv auf den Seiten 9, 23, 65 + 115:
ZEFA/Brad Wrobleski
ISBN 3-466-34479-4

Gedruckt auf umweltfreundlich hergestelltem Werkdruckpapier (säurefrei und chlorfrei gebleicht)

Inhalt

Leben

Sterben

Für meinen Vater

Wenn ich wüsste

Wenn ich wüsste, dass es das letzte Mal ist,
dass ich dich einschlafen sehe,
würde ich dich besser zudecken
und zu Gott beten,
er möge deine Seele schützen.

Wenn ich wüsste, dass es das letzte Mal ist,
dass ich dich zur Türe rausgehen sehe,
würde ich dich umarmen und küssen
und dich für einen weiteren Kuss
zurückrufen.

Wenn ich wüsste, dass es das letzte Mal ist,
dass ich einen Moment innehalten kann,
um zu sagen: »Ich liebe dich«,
anstatt davon auszugehen,
dass du weisst, dass ich dich liebe.

Wenn ich wüsste, dass es das letzte Mal ist,
dass ich da sein kann, um den Tag
mit dir zu teilen,
weil ich sicher bin, dass es noch manchen
Tag geben wird,
sodass ich diesen einen
verstreichen lassen kann.

Es gibt sicherlich immer ein »Morgen«,
um ein »Versehen/Irrtum« zu begehen.

und wir erhalten immer eine zweite Chance,
um einfach alles in Ordnung zu bringen.

Es wird immer einen anderen Tag geben,
um zu sagen: »Ich liebe dich«,
und es gibt sicher eine weitere Chance,
um zu sagen: »Kann ich etwas für dich tun?«

Aber nur für den Fall,
dass ich falsch liegen sollte,
und es bleibt nur der heutige Tag,
möchte ich dir sagen,
wie sehr ich dich liebe,
und ich hoffe, dass wir nie vergessen.
Das »Morgen« ist niemandem versprochen,
weder jung noch alt,
und heute könnte die letzte Chance sein,
die du hast, um deine Lieben festzuhalten.

Wenn du also auf Morgen wartest,
weshalb tust du es nicht heute?
Falls das »Morgen« niemals kommt,
wirst du bestimmt bereuen,
dass du dir keine Zeit genommen hast
für ein Lächeln, eine Umarmung
oder einen Kuss
und dass du zu beschäftigt warst,
um jemandem etwas zuzugestehen,
was sich im Nachhinein als sein letzter
Wunsch herausstellt.

Halte deine Lieben heute ganz fest
und flüstere ihnen ins Ohr,
sag ihnen, wie sehr du sie liebst
und dass du sie immer lieben wirst.
Nimm dir die Zeit zu sagen: »Es tut mir Leid«,
»Bitte verzeih mir«,
»Danke« oder »Ist in Ordnung«,
und wenn es kein »Morgen« gibt,
musst du den heutigen Tag nicht bereuen.[1]

Momente

Es ist ungewiss,
wo der Tod uns erwartet.
Erwarten wir ihn überall!

Michel de Montaigne

Der Nationalpark auf der Halbinsel Yucatán, den ich zusammen mit meiner Schwester Ute auf unserer gemeinsamen Reise durch Mexiko besuchte, war eine der schönsten Gegenden, die ich bis dahin in meinem Leben gesehen hatte. Die Landschaft glich einem Paradies: Wir badeten in ausgewachsenen hellbraunen Kaskaden türkisfarbenen Wassers, die Vögel in dem nahe liegenden Dschungel schienen nur für uns zu singen, die Blumen nur für uns zu blühen und die Sonne nur für uns zu lachen. Zeit und Raum verloren hier genauso sehr an Gültigkeit wie Sorgen und Ängste. Hier war es so wunderschön, dass wir ganz im Augenblick versunken waren und uns nach gar nichts sehnten.

Die anderen Badegäste waren ebenfalls bester Laune und als ich gerade wieder ein erfrischendes Bad nehmen wollte, stellte sich ein junger Mexikaner neben mich. Er strahlte mich an und sagte: »Ist es nicht einfach wunderschön hier!?«, bevor er ins Wasser sprang. Sein Freund folgte ihm, sie schwammen ein Stück um die Wette – und urplötzlich wurde der junge Mann von einem Wasserstrudel in die Tiefe gezogen und ertrank. Sein Freund, der ein ganzes Stück hinter ihm geblieben war, konnte dem tödlichen Sog gerade noch entrinnen.

Von einem Moment auf den anderen wurde aus unserem kleinen Paradies ein Ort des Schreckens. Gerade hier, wo sich die Natur so besonders beeindruckend zeigte und das Leben uns so sorgenlos vorkam, begegnete uns der Tod. Wie nie zuvor wurde mir bewusst, dass uns der Tod jeden Moment und überall begegnen kann – auch im Paradies.

Dieses Erlebnis wirkte sehr nachhaltig auf mich. Immer wieder sah ich den strahlenden Mexikaner vor mir, und oft, wenn ich mich an diese Situation erinnere, wird mir auch meine eigene Sterblichkeit bewusst und die der Menschen, die ich besonders liebe. In diesen Momenten erinnere ich mich auch daran, dass ich mich selbst auf einer Reise befinde – auf meiner eigenen Lebensreise. Dabei ist es egal, ob ich gerade zu Hause vor meinem PC sitze oder mich an irgendeinem anderen Ort der Welt befinde. Dann wird mir die Kostbarkeit meines Lebens wieder bewusst und es gelingt mir, meine Träume und Sorgen loszulassen und einfach nur den gegenwärtigen Moment voll und ganz zu genießen und mir zu sagen: »Es ist wunderschön hier.«

Leben und Tod liegen nah beieinander. Das eine durchdringt das andere. Es fordert uns auf, in jedem Augenblick anzuerkennen, dass beides, Werden und Vergehen, wiederkehrende Elemente eines Zyklus' sind, der das Geheimnis unserer Existenz birgt.

Doris Iding, Sommer 2004

Einleitung

Das Leben wird kostbar
nur durch den Tod,
die Erfüllung wertvoll
nur durch die Sehnsucht.

Gertrud Bäumer

Kommen und Gehen: Warum stirbt der eine Mensch auf dem Höhepunkt seines Lebens oder in jungen Jahren und ein anderer nach einem langen mühsamen Leben? Und was passiert mit uns, wenn das Herz aufhört zu schlagen? Gibt es eine Seele, die nach dem Tod weiterexistiert? Oder ist nach dem Tod alles vorbei? Warum fällt es uns so schwer, den Tod bewusst in unser Leben zu integrieren?

Fragen über Fragen, die sich die Menschheit seit Anbeginn des Lebens stellt. Die Antworten auf diese Fragen sind so zahlreich wie die Völker, die im Laufe der Jahrtausende diesen Planeten bewohnt und nach Antworten gesucht haben: Vielerlei Sagen, Mythen, Geschichten und Rituale ranken sich um das Sterben, den Tod und das Leben nach dem Tod. Alle suchen nach einer Antwort: die Indiofrau und der Ethnologe im undurchdringlichen Amazonasgebiet Südamerikas, der Kaffeehausbesucher und der Kellner in Salzburg, Sie und ich.

Aber ganz gleich wo sich ein Mensch befindet – allen Wesen auf der ganzen Welt ist eines gemein: Der Tod ereilt jeden von uns. Scheinbar willkürlich geht er durch die Reihen der Menschen und holt sich, wen er mag. Als Hinterbliebene sind wir oft verzweifelt und sprachlos. Suchen nach Erklärungen, aber wirklich verstehen können wir die Gesetze des Schicksals nicht.

Beim physischen Tod verlangsamt sich der Kreislauf, und das Herz hört auf zu schlagen. Die Lunge atmet nicht mehr, das Gehirn wird nicht mehr mit Blut und Sauerstoff versorgt und verarbeitet keine Informationen mehr. Mit Eintritt des Todes hört außerdem die Zellbildung auf. Sofern wir nicht dem Feuer übergeben wurden, beginnt der Körper sehr schnell zu verfaulen. Schon nach einigen Jahren sind nur noch einige Knochen von einem Menschen übrig und sie oder unsere Asche werden Teil der Erde, auf der wir wohnen.

Im Prinzip ist der Mensch nicht mehr und nicht weniger als ein Wurm. Aber der Verstand sagt: »Ich bin doch mehr. Ich bin doch die Krone der Schöpfung, oder?!« Und: »Im Menschen existiert schließlich etwas, das fühlt, das denkt und das in der Lage ist, sich all diese Fragen zu stellen.« Etwas in uns akzeptiert nicht, dass wir nur ein Körper sein sollen, der verfault. Aus diesem Grund stellen sich die meisten Menschen irgendwann in ihrem Leben die Frage nach dem tieferen Sinn ihres Daseins. In jenem Moment fangen viele an, nach einer Verbindung mit dem Teil in sich zu suchen, der nach dem Tod weiterlebt.

Aber dieses Etwas, das, was im Menschen weiterlebt, nachdem das Herz aufgehört hat zu schlagen, ist schwer in Worte zu fassen und noch schwerer für den Verstand zu begreifen. Dieses Etwas, das für das Auge unsichtbar ist und man mit den Händen nicht fassen kann. Dieses Geheimnis, sagenumwoben, verletzlich und sensibel.

Einige Völker bezeichnen es als Seele, aber oftmals weiß keiner eigentlich ganz genau, was es ist. Die einen meinen, es werde durch das geformt, was ein Mensch im Laufe seines Lebens erlebt. Andere Kulturen sehen es als eine Ansammlung von guten und schlechten Eigenschaften, die man im Laufe vieler Leben erwirbt. Wieder andere Religionen, wie zum Beispiel der Buddhismus, glauben daran, dass »es« das Resultat unserer Handlungen ist, die wir in vielen vorherigen Leben angesammelt haben, und bezeichnen »es« als unser Karma.

Der Fantasie und dem Glauben scheinen hier keine Grenzen gesetzt zu sein. Die Seelenvorstellungen sind so verschieden und zahlreich, wie es Völker auf der Welt gibt. Aber was genau passiert mit unserer Seele, unserem Bewusstsein oder unserem Geist, nachdem ein Herz seinen letzten Schlag getan hat? Es gibt einfache Völker in Afrika, denen eine Unsterblichkeit der Seele in dem Sinne, wie wir es in Europa oder auch in Asien sehen, nicht bekannt ist. Nach ihrer Meinung lebt man im Jenseits nur so lange, wie es auf Erden Nachkommen gibt, die entsprechende Opfer für die Ahnen vollziehen. Wenn die Angehörigen auf Erden sterben, dann sterben auch die Ahnenseelen im Jenseits. Ein Weiterleben darüber hinaus spielt keine Rolle und ist für diese Menschen auch uninteressant.[2]

Völker im Sudan, in Indonesien und in Teilen Amerikas glauben, dass ein Mensch nicht nur eine, sondern sogar mehrere Seelen besitzt. Sie gehen davon aus, dass eine Seele im Schlaf den Körper verlässt und haben in ihren Behausungen eigens ein »Seelenloch« angebracht, eine runde oder ovale künstliche Öffnung, die der Seele den Aus- oder Eintritt aus bzw. zum Körper ermöglichen soll.[3] Andere Völker glauben, dass sich eine andere Seele nach dem Tod vom Körper trennt und in der Nähe des Grabes bleibt, während eine weitere ins Reich der Toten reist.

Aber wo ist nun dieses Reich der Toten und wie ist es beschaffen? Und wie findet die Seele dorthin? Während Mythen und Legenden aller Kulturen voll sind mit Jenseitsbeschreibungen – manchmal genauer, manchmal etwas vage –, glauben Wissenschaftler diesem Unbeweisbaren ganz und gar nicht. Wer hat nun Recht? Dass mit dem Tod alles endet, ist bislang zumindest noch nicht bewiesen worden. Genauso wenig wie die Annahme, dass es nach dem Tod weitergeht und die Seelen in anderen Räumen und Dimensionen weiterexistieren.

Was ich für mich selbst erfahren habe, ist Folgendes: Im Tod sind wir nicht mehr getrennt. Im Moment des Todes kommt es zu einer Deidentifikation mit dem Körper und zu einer Erfahrung der Einheit mit allem. Niemand braucht Angst vor dem Tod zu haben, denn im Tod findet eine direkte Begegnung mit der allumfassenden Wahrheit statt. Der Tod ist eine Metamorphose, eine Umwandlung von einer Daseinsform in eine andere.

Die Seele, mein Kern, löst sich vom Körper, um nach dem Tod weiterzuleben. Es ist der Teil, der unbeeindruckt vom Tod bleibt. Die Seele bzw. das Selbst ist unsterblich. Sie verbindet sich nach dem Tod für einen Moment mit dem wahren Bewusstsein, mit dem klaren Licht, das allem Leben innewohnt und aus dem alles besteht. Aus einem wird alles, bevor sich eine neue Trennung vollzieht und die Seele sich neu formiert, um ein weiteres Mal auf die Erde zurückzukehren, um den Weg des Lebens, Leidens und Lernens ein weiteres Mal zu gehen.

Ich glaube, dass, wenn wir uns der Tatsache der eigenen Sterblichkeit bewusst sind, wir auch in der Lage sind, unser Leben intensiver zu genießen, denn wer weiß schon, wie lange seine eigene Zeit ist, die ihm hier auf Erden gegeben ist? In diesem Moment, in dem ich diese Zeilen schreibe, bin ich meinem eigenen Tod schon wieder um einiges näher als vor drei Jahren, drei Wochen oder drei Tagen. Und eines Tages wird er an meine Türe klopfen, mein eigener Tod, um mich zu holen, nachdem ich Prüfung um Prüfung nach meinem besten Ermessen bewältigt habe. Dann ist es an der Zeit, meinen eigenen Tod zu sterben.

Das Gefühl, im Tod einen Teil des Lebens zu sehen, etwas, was untrennbar zu mir gehört, hat für mich etwas Befreiendes, ja sogar Tröstendes. Und ist es nicht auch eine wundervolle Vorstellung, den Tod nicht als etwas Furchtbares, Böses zu sehen, sondern als eine Frucht? Ich selbst kann meinem Tod eine gewisse Schwere nehmen, indem ich das Leben intensiver und bewusster lebe und den Gedanken ins Auge fasse, dass es nach dem Tod noch eine weitere oder andere Existenz gibt.

Leider aber haben wir hier im Westen den Tod so sehr aus unserem Leben ausgeklammert, dass die meisten Menschen seine Existenz verdrängen und ihn verleugnen. Dadurch machen sie sich die eigene Endlichkeit nicht bewusst und tun gerade so, als ob sie unsterblich wären. Sie verlagern all ihre Pläne, Wünsche und Träume auf ein Später und sind zutiefst erschüttert, wenn ihnen der Tod zuvor kommt und es ein Später vielleicht nicht mehr geben wird. Sind wir uns der eigenen Sterblichkeit – und die der anderen Menschen – allerdings bewusst, können wir das Leben auf eine ganz andere Weise leben und genießen.

Dieses Bewusstsein kann durch viele wunderschöne spirituelle Übungen, Meditationen und kleine heilbringende Rituale geschaffen werden, die sich gut im Laufe eines Tages durchführen lassen. Im Laufe dieses Buches werden Sie einigen solcher Erfahrungselemente begegnen, die Sie als persönliches Experiment nutzen können. Sie werden Sie darin unterstützen, dass Sie das, was Sie gerade tun, in dem Bewusstsein tun, dass der wichtigste Moment in Ihrem Leben der gegenwärtige Moment ist – das Jetzt, in dem es keine verpassten Gelegenheiten der Vergangenheit und keine unerfüllbaren Hoffnungen in der Zukunft gibt, sondern nur den gegenwärtigen Moment in seiner Vollkommenheit. In diesen Meditationen und Experimenten können Sie auch ein Bewusstsein dafür entwickeln, dass wir und all die Menschen, die uns am Herzen liegen – und auch solche, die uns das Leben scheinbar schwer machen(!) –

hier auf Erden lediglich Gäste sind und dass wir alle eines Tages sterben werden.

Meditation führt zu einem klareren Bewusstsein und bewirkt, dass unser Leben »runder« wird und wir von Moment zu Moment mit dem sein können, was gerade geschieht. Darin liegt auch die Chance, den irdischen Aufgaben im Sein und Tun besser gewachsen zu sein und sich eines Tages verabschieden zu können mit dem Gefühl, nicht zu viel Unerledigtes zurücklassen zu müssen. Und dies betrifft die eigene Entwicklung ebenso wie die Beziehung zu anderen Menschen.

Möge Sie dieses Buch inspirieren und darin unterstützen, ein so schweres Thema mit einer gewissen Leichtigkeit anzugehen und Ihnen mehr und mehr bewusst machen, dass unsere Zeit auf Erden ein großes Geschenk an uns ist – das sich Tag für Tag aufs Neue entfalten möchte.

Leben

Alles hat seine Zeit.
Ein jegliches hat seine Zeit
und alles Vorhaben unter dem Himmel
hat seine Stunde;
geboren werden hat seine Zeit,
sterben hat seine Zeit.
Pflanzen hat seine Zeit,
ausreissen, was gepflanzt ist, hat seine Zeit;
töten hat seine Zeit, heilen hat seine Zeit;
abbrechen hat seine Zeit,
bauen hat seine Zeit;
weinen hat seine Zeit, lachen hat seine Zeit,
klagen hat seine Zeit, tanzen hat seine Zeit.
Steine wegwerfen hat seine Zeit,
Steine sammeln hat seine Zeit;
herzen hat seine Zeit,
aufhören zu herzen hat seine Zeit;
suchen hat seine Zeit,
verlieren hat seine Zeit;
behalten hat seine Zeit,
wegwerfen hat seine Zeit;
zerreissen hat seine Zeit,
zunähen hat seine Zeit,
schweigen hat seine Zeit,
reden hat seine Zeit;
lieben hat seine Zeit,
hassen hat seine Zeit;
Streit hat seine Zeit,
Frieden hat seine Zeit.

Prediger 3, 1-8

Jeder Tag könnte der letzte sein

Wir kennen den Zeitpunkt nicht,
an dem der Tod uns niederstrecken wird.
Wir wissen nicht,
was zuerst kommen wird – der morgige Tag
oder das nächste Leben.

Dalai Lama

Wenn ich in der U-Bahn fahre oder Menschen in anderen Alltagssituationen beobachte, kommt es mir manchmal vor, als wären viele Menschen nicht wirklich da. Auf der körperlichen Ebene wirkt es, als würden sie nicht wirklich in ihrem Leib wohnen. Ihr Blick ist verschleiert und leer, die Bewegungen sind wie fremdgesteuert und automatisiert. Auf der mentalen und emotionalen Ebene wirken sie ebenfalls leblos. Sie scheinen sich ihrer selbst und dem, was sie tun, gar nicht bewusst zu sein. Mechanisch wird der Alltag gelebt, die Arbeit getan, das erledigt, was zu tun ist. Tag für Tag. Jahrein, jahraus: Aufstehen, Essen, Arbeiten, Feierabend, Fernsehen, Schlafen. Immer wieder.

All diese Vorgänge sind eingebettet in ein unbewusstes, mechanisches Verhalten. Somit vergeht Tag für Tag und irgendwann kann es passieren, dass man in den Spiegel schaut und bemerkt, dass man alt geworden ist und dass das Leben zwar einerseits seine Spuren hinterlassen hat, aber andererseits auch nicht intensiv ausgekostet wurde. Das ist mehr als bedauerlich, denn die Zeit, die wir hier auf Erden haben, ist in vielerlei Hinsicht ein Geschenk. Selbst dann, wenn wir es unter der Last der alltäglichen Pflichten manchmal nicht als solches empfinden. Aber es ist insofern ein Geschenk, weil wir zumindest hierzulande immer noch in fast paradiesischen Zuständen leben! Wir haben seit weit über 50 Jahren keinen Krieg mehr gehabt. Wir leben in überdachten Wohnungen und haben im Regelfall mehr als genug zu essen und zu trinken. Viele Menschen fahren zwei- bis dreimal jährlich in Urlaub und lassen es sich auch ansonsten sehr, sehr gut gehen. Selbst wenn die wirtschaftlichen Verhältnisse momentan nicht besonders rosig sind, so geht es uns im Vergleich zu vielen anderen Ländern dieser Welt, in denen Menschen enormen Hunger leiden, Krankheit und Gewalt ausgesetzt sind, trotzdem noch verhältnismäßig gut.

Auch unser Körper ist ein Geschenk. Kranke Menschen wissen dies zu bestätigen! Ein gesunder Körper ist das Wertvollste, das uns mit auf den Weg gegeben wurde. Viele Menschen nehmen ihren Körper allerdings erst bewusst wahr, wenn er erkrankt, wenn sich Knochen, Muskeln oder Organe auf schmerzvolle Weise mitteilen und zu erkennen geben: »Ich bin auch da!« Erst in solchen Momenten spüren wir, dass wir beispielsweise ein Knie oder einen Magen haben. Erkranken wir lebensbedrohlich, wird uns auch unsere Endlichkeit bewusst und die Tatsache, dass wir ohne unseren Körper in der

Form, in der wir hier mit anderen Menschen zusammenleben, nicht weiterleben können. Erst dann wird uns der Körper plötzlich wichtiger als alles andere auf der Welt und wir würden alles dafür geben, ihn wieder gesund zu wissen. Ähnlich geht es uns, wenn ein Mensch krank wird, der uns am Herzen liegt. Dann leiden wir mit und können es selbst als Außenstehende kaum ertragen, wenn dieser Mensch schwere körperliche Schmerzen hat. Und auch dann wird uns das körperliche Geschenk bewusst, wenn wir über den Körper mit einem anderen Menschen Zuneigung, sexuelles Begehren und Liebe austauschen.

Ist es nicht schade, dass wir erst realisieren, welches Geschenk unser Körper – und der eines geliebten Menschen – ist, wenn wir krank werden oder sterben müssen? Erst dann erkennen wir, dass unser Körper viel mehr ist als nur eine funktionierende Maschine. Im Hinduismus bezeichnet man den Körper als ein wertvolles Fahrzeug, welches die Seele transportiert. Für sie ist es nicht irgendein praktisches Nutzfahrzeug, sondern ein äußerst wertvolles Fahrzeug, das es überhaupt erst ermöglicht, an jeden beliebigen Ort dieser Welt zu kommen.

Unser Körper ist auch der Spiegel unserer Seele. Er ist ein Regulat, das uns anzeigt, ob wir in unserer Mitte sind oder nicht. Bei zu viel Stress kann es passieren, dass der Körper uns durch eine Krankheit zur Ruhe zwingt. Manchmal reicht schon eine kleine Grippe aus, um zu zeigen, dass wir über unsere Grenzen gegangen sind. Ein anderes Mal zeigt uns der Körper vielleicht durch permanente Müdigkeit, dass er Ruhe braucht. Gehen wir dem nach, kuriert er sich erst einmal aus und in solchen Momenten kommt auch unser Geist zur Ruhe. Ignoriert ein Mensch diese kleinen Notrufe des Körpers, kann es passieren, dass man durch eine schwerere Krankheit oder durch einen Unfall zur Ruhe gezwungen wird. Manch einer ist in solchen Situationen aufgewacht und hat sich klar gemacht, dass eben dieser Unfall auch tödlich verlaufen oder mit einer Querschnittslähmung hätte enden können. Menschen, die in solchen Momenten mit dem Leben weggekommen sind, sind große Glückspilze. Ausgelöst durch den Schreckensmoment beginnen sie, ihr Leben neu zu überdenken, und sie erkennen, welch großes Geschenk ihnen mit ihrem Körper und mit ihrem Leben an sich gegeben wurde. Und es öffnet sich ein Weg, verbleibende Zeit auf Erden ganz bewusst zu genießen und zu nutzen.

Unser Bewusstsein – das größte Geschenk des Lebens

ERKENNEN SIE, WAS SIE SIND,
BEVOR SIE IRGENDETWAS ANDERES ERKENNEN.

NISARGADATTA MAHARAJ

Noch ein weiteres Geschenk ist uns Menschen mit auf den Weg gegeben worden: unser Bewusstsein und die Fähigkeit, zu denken und zu reflektieren. Im Buddhismus wird die Fähigkeit, als Mensch geboren zu sein, als das größte Geschenk überhaupt empfunden, da er ein selbstreflektierendes Bewusstsein hat. Mithilfe dieses Bewusstseins können wir erkennen, wie sehr wir an Vorstellungen, Meinungen, Abneigungen und Vorlieben festhalten bzw. andere ablehnen.

Im Buddhismus geht man davon aus, dass ein Mensch dem Kreislauf der Wiedergeburt unterliegt. Dass ein Mensch überhaupt wiedergeboren wird, wird mit dem Prinzip des Karma begründet. Das bedeutet, dass ein Mensch dem Prinzip der Ursache und Wirkung seiner Taten unterliegt, was wiederum auf sein Bewusstsein zurückzuführen ist. Wird ein Mensch von egoistischen und aggressiven Gedanken getrieben, so wirkt sich dies im Negativen auf sein späteres Leben aus. Ist sein Handeln hingegen erfüllt von Liebe, Geduld und Mitgefühl, hat dieses Verhalten positive Auswirkungen auf seine zukünftigen Inkarnationen.

Im tibetischen Buddhismus wird das so genannte *Bhavachakra*, das Rad des Werdens verwendet, um das Prinzip des Karma zu erläutern. Beim Bhavachakra handelt es sich um eine bildliche Darstellung, die an der Außenseite vieler tibetischer Tempel zu finden ist. Wer in einen solchen Tempel eintritt, schreitet sinnbildlich durch die samsarische Welt hindurch in die Erlösung. Der grimmige Dämon des Todes, Mara, hält das Rad mit seinen scharfen Zähnen. Außerhalb des Rades steht der hier im Westen so bekannt gewordene Buddha Gautama und der Bodhisattva Avalokitesvara. Avalokitesvara ist bekannt für sein tiefes Mitgefühl, das alle sechs Bereiche der Wiedergeburten durchdringt. Diese sechs Daseinsbereiche werden von allen lebenden Wesen unzählige Male durchschritten, so lange, bis sie sich vollkommen von Hass, Gier und Anhaftung bzw. Unwissenheit frei gemacht haben, die durch Unwissenheit bestimmt werden. Die Bereiche sind: der Bereich der Menschen, der Tiere, der Höllenbewohner, der Bereich der Hungrigen Geister, der Bereich der Neidischen Götter oder Titanen und der Bereich der Götter.

Hat der Mensch das Bewusstsein eines Menschen einmal erreicht, kann nur ein langer und kontinuierlicher Prozess das Bewusstsein wieder in niedere Bereiche absinken lassen. Eine Möglichkeit des Aufstiegs auf die menschliche Ebene ist jedoch eher gewährleistet. Wird man als Mensch wiedergeboren, kann man aber trotzdem mit geistigen Zügen oder Eigenschaften ausgestattet sein, die durch Tiere symbolisiert werden.[4] Trägt man die geistigen Züge eines Tieres in sich, so werden sie im Tibetischen Totenbuch, auf das sich diese Theorie stützt, folgendermaßen erklärt: Hat ein Mensch beispielsweise einen übermäßigen Sexualtrieb, ähnelt er einem Hund.[5] Tut man anderen Menschen etwas zuleide, dann spiegelt dieses Verhalten die geistigen Züge von Höllenwesen oder Titanen wider.

Meines Erachtens kann jeder Mensch, egal, ob Christ, Moslem, Hindu oder Atheist, ein Bewusstsein schaffen, das ihn darin unterstützt, ganz bewusst im gegenwärtigen Moment zu leben und sich gut auf den eigenen Tod vorzubereiten. Dazu müssen wir unser Bewusstsein allerdings schulen und achtsam im gegenwärtigen Moment leben, um bewusst leben und sterben zu können. Die Lehre Buddhas scheint dabei in den letzten Jahren besonders viele Menschen im Westen anzusprechen. Buddha ging davon aus, dass jeder Mensch die so genannte Buddha-Natur in sich trägt. »Wir sind alle schon Buddha, nur sehen wir es nicht«, lautet ein bekannter Spruch des Buddha, der unter dem berühmten Bodhibaum in Bodh Gaya erkannte, was den Menschen davon abhält, die Erleuchtung zu erlangen. Die Aspekte Gier, Hass und Unwissenheit haben den Menschen so sehr im Griff, dass er unbewusst lebt und seinen Trieben und Gefühlen folgt, ohne dabei auf die Folgen, das so genannte Karma, zu achten.

Ausführlich wird dies in den *Vier Edlen Wahrheiten* beschrieben, die für alle buddhistischen Schulen eine zentrale Rolle spielen: Die erste der vier Wahrheiten spricht vom Leid, im Kreislauf der Wiedergeburten immer wieder geboren zu werden, zu sterben, krank zu sein, negative und schmerzhafte Erfahrungen zu machen sowie unerfüllte Wünsche zu haben. Die zweite Edle Wahrheit spricht vom Ursprung des Leidens. Die dritte Edle Wahrheit sagt, dass das Leiden aufgehoben werden kann. Die vierte Edle Wahrheit sagt, wie dieses Ziel erreicht werden kann, nämlich durch den Edlen Achtteiligen Pfad.

Der Achtfache Pfad besteht aus folgenden Gliedern: rechte Ansicht, rechtes Denken, rechte Rede, rechtes Handeln, rechter Lebenserwerb/rechtes Leben, rechtes Streben, rechte Wachsamkeit, rechte Konzentration. Eine besonders wichtige Rolle spielen die Achtsamkeit, die Meditation, der Atem und das Schweigen auf dem Achtteiligen Pfad, um das entsprechende Bewusstsein zu erlangen, das auf dem Weg zur Befreiung notwendig ist. Buddha verglich den menschlichen Verstand gerne mit einem Affen, der unruhig von Ast zu Ast springt. Erst in der Stille beruhigt sich unser Geist, denn erst hier werden wir nicht permanent von äußeren Reizeinflüssen abgelenkt, sondern können unsere Aufmerksamkeit nach innen richten. Erst in der Stille können wir uns auf uns selbst konzentrieren und uns selbst erkennen.

Neben dem Buddhismus gibt es noch zahlreiche andere spirituelle Traditionen, die den bewussten Umgang mit dem Leben und Sterben lehren. Im Hinduismus zum Beispiel weist Patanjali mit seinen *Sutras* diesen Weg. Die so genannten Yoga-Sutras bilden eins der sechs Systeme der Hindu-Philosophie. Sutra heißt wörtlich übersetzt »Faden« und stellt seit jeher für den Yogapraktizierenden einen Leitfaden auf dem Yogaweg dar. Das Yoga-Sutra des Patanjali besteht aus vier Teilen und enthält 195 stichwortartige Sutras, das heißt, knappe Aphorismen über Yoga. Während die letzten vier Stufen des Pfades bereits in den Upanishaden erwähnt werden, hat Patanjali die ersten vier Stufen wahrscheinlich ergänzend hinzugefügt. Die Texte befassen sich mit der tiefen Meditation, die durch Yoga erlangt werden kann, den Kräften, mit denen der Sucher bei seinem Bemühen in Berührung kommt, und dem Zustand der Erlösung von den sinnlichen Begierden und Anhaftungen.

Die acht Glieder des Pfades sind alle ineinander verwoben und entwickeln sich im Idealfall auf allen Ebenen und gemeinsam, so wie sich auch ein Körper als Ganzes entwickelt und wächst. Das heißt, dass man nicht erst eine der Stufe beherrschen muss, um zur nächsten fortzuschreiten. Durch die Ausübung des achtstufigen Pfades lernt der Mensch sich selbst besser kennen und verstehen, um unter anderem besser mit den eigenen Schwächen und Süchten umgehen zu können. Das Ziel des Pfades ist es, wie in allen spirituellen Traditionen, zur wahren Selbsterkenntnis zu gelangen und dem Menschen dadurch den Weg zu einem bewussten Umgang mit dem Leben und dem Tod zu weisen.

In den letzten Jahren ist das Interesse an östlichen Lehren wie dem Buddhismus und Hinduismus stark gewachsen und somit auch gleichzeitig das Thema Tod wieder ein wenig mehr ins Bewusstsein der Menschen gerückt. Das liegt daran, dass diese Traditionen großen

Wert darauf legen, den Tod nicht aus dem Leben auszuklammern, sondern ihn als Bestandteil des Lebens zu sehen und ihn ins Leben zu integrieren. Durch das Interesse an diesen Lehren setzt man sich nun auch hier im Westen wieder auf eine ganz neue Weise mit dem Prozess des Sterbens, dem Tod und der Trauer auseinander. Denn seit der Industrialisierung, die das Sterben aus den Wohnhäusern in die Krankenhäuser verdrängte, und durch die vorherrschende materialistische Weltanschauung geriet der Tod hierzulande immer mehr in Vergessenheit. Durch die östlichen Lehren kommen viele Menschen nun mit einer spirituellen Praxis in Verbindung, die betont darauf hinweist, wie sehr wir unsere Welt mit unserem eigenen Bewusstsein kreieren und die sie mit einem Teil ihrer selbst in Kontakt bringt, der unsterblich ist.

Bewusstes Sein

Wenn du einmal weisst, was Leben ist,
wirst du auch wissen, was Tod ist.
Der Tod ist ein Teil des gleichen Prozesses.
Gewöhnlich denken wir,
der Tod sei das Ende,
gewöhnlich denken wir, der Tod sei gegen
das Leben,
gewöhnlich denken wir,
der Tod sei der Feind,
aber der Tod ist nicht der Feind.
Und wenn du den Tod als Feind ansiehst,
zeigt das nur,
dass du noch nicht erkannt hast,
was das Leben ist.

Osho, Der Höhepunkt des Lebens

Wenn wir den Tod als einen Teil des Lebens begreifen, beginnen wir zu realisieren, dass der Tod nicht gegen das Leben ist, sondern lediglich einen Teil des Lebens darstellt, der genauso zum Leben gehört wie die Nacht zum Tag und nichts anderes darstellt als den nicht zu trennenden Gegenpol der gleichen Energie. Dann erkennen wir, dass der Tod ebenso zum Leben gehört wie die Ebbe zur Flut, der Sommer zum Winter und der Schmerz zur Freude. Dann können wir sehen, dass sie nicht voneinander getrennt sind und sich keinesfalls widersprechen, sondern sich ergänzen. Der Tod ist nicht das Ende des Lebens, sondern die Vollendung.

Gelingt es uns, den Tod als Bestandteil des Lebens anzunehmen, verändert sich auch das Leben selbst. Durch die Akzeptanz unserer Sterblichkeit und der Sterblichkeit anderer Menschen können wir nicht nur unserem Tod und dem Tod anderer Menschen, sondern auch unserem Leben ganz anders begegnen. Mozart beschrieb diese Akzeptanz in einem Brief an seinen Vater am 4. April 1787 folgendermaßen: »*Da der Tod (genau zu nehmen) der wahre Endzweck unseres Lebens ist, so habe ich mich seit ein paar Jahren mit diesem wahren, besten Freund des Menschen so bekannt gemacht, dass sein Bild nicht alleine nichts Schreckliches für mich hat, sondern recht viel Beruhigendes und Tröstendes. Und ich danke meinem Gott, dass er mir das Glück gegönnt hat, mir die Gelegenheit zu verschaffen, ihn als den Schlüssel zu unserer wahren Glückseligkeit kennen zu lernen.*«[6]

Werden wir uns also wie Mozart der eigenen Sterblichkeit – und der Sterblichkeit der Menschen überhaupt – bewusst, können auch wir die wahre Glückseligkeit kennen lernen. Setzen wir uns bewusst mit unserem Leben auseinander und akzeptieren wir die eigene Sterblichkeit, dann erkennen wir, dass alles vergänglich ist: Schöne Erlebnisse währen nicht ewig. Begegnungen sind immer begrenzt. Und die körperliche Vitalität lässt bereits nach, kaum dass wir den Höhepunkt des Lebens erreicht haben, und bevor wir uns versehen, verlieren wir auch schon wieder an Kraft und Energie.

Dieser Aspekt der Vergänglichkeit ist für sehr viele Menschen sehr schwer auszuhalten. Es gibt Menschen, die sich vor ihrem eigenen Alterungsprozess sogar ekeln und bereits mit 40 Jahren das Gefühl haben, zum so genannten »alten Eisen« zu gehören. Durch die Anti-Aging-Bewegung und auf Jugend und Vitalität ausgerichtete Gesellschaft wird es den Menschen nicht leicht gemacht, ihr Alter zu akzeptieren und die eigene Vergänglichkeit anzunehmen. Aber die Vergänglichkeit hat auch eine gute Seite: Sie beinhaltet die Tatsache, dass auch die negativen Erfahrungen, schmerzvollen Erlebnisse und dunklen Phasen unseres Lebens vergehen werden. Manchmal befinden wir uns in einem Tief und haben das Gefühl, dass eine solche Zeit kein Ende nimmt. Wenn wir aber das Prinzip der Vergänglichkeit erkennen, können wir solche Phasen leichter durchleben, weil wir wissen, dass auch nach der längsten Nacht wieder ein neuer Tag beginnen wird.

Werden wir uns der eigenen Sterblichkeit bewusst, können wir nicht nur bewusster leben, sondern erinnern uns auch wieder an Gott, den die Menschen in Zeiten, in denen es ihnen gut geht, nur allzu schnell vergessen, wie es eine alte persische Geschichte zeigt.[7]

Der alte Mann aus Afghanistan

Einmal kam ein Mann aus Afghanistan, ein Pathane, um Kabir zu besuchen. Kabir war nicht zu Hause, nur seine Frau. Also fragte er sie, ob er Kabir sehen könne. »Er ist nicht da«, erklärte ihm die Frau. »Kann ich ihn nicht doch treffen?«, erkundigte sich der Mann. »Ich bin von so weit her gekom-

men.« – »Ja«, meinte die Frau, »er ist vor nur fünf Minuten zu einer Beerdigung gegangen, du kannst ihn noch einholen.« – »Aber wie soll ich ihn erkennen?«, fragte der Mann. »Du wirst sehen«, erklärte die Frau, »dass all die Leute, die hinter der Leiche herziehen, ein Licht über dem Kopf haben. Wenn sie die Verbrennungsghats erreicht haben und wieder umkehren, verblasst das Licht über ihren Köpfen. Doch das Licht über Kabirs Kopf erstrahlt weiter in voller Helligkeit. Dann weißt du, dass er es ist, und kannst ihn sprechen.«

Der Mann tat wie ihm aufgetragen. Und als der Leichenzug vorbei war, sah er das helle Licht über dem Kopf eines alten Mannes, und er wusste, das war Kabir, und er trat an ihn heran und sprach mit ihm. Er stellte all die Fragen, die er auf dem Herzen hatte. Und dann sagte er noch: »Bitte, Kabir Sahib, erklären Sie mir, warum ist das Licht über den Köpfen von all den anderen erloschen, das Ihre jedoch geblieben?«

Da antwortete Kabir: »Das kommt daher, dass die Leute, die sich an einem Leichenzug beteiligen, alle denken, das widerfährt auch mir, und sich auf einmal an Gott erinnern. Wenn man Gott erinnert, hat man Licht über dem Kopf. Aber kehren sie zurück, vergessen sie Gott wieder und denken nur noch an die Dinge des Alltags. Nur ein Heiliger gedenkt ständig Gottes, und so trägt er immer ein Licht über dem Kopf.«

Das Unvergängliche in uns

DAS LAUTLOSE, UNFÜHLBARE, GESTALTLOSE,
UNVERGÄNGLICHE,
DAS OHNE GESCHMACK, OHNE GERUCH IST,
DAS EWIGE, ANFANGLOSE UND ENDLOSE,
HÖHER ALS DAS GROSSE, UNVERÄNDERLICH,
WER ES ERFAHREN HAT,
WIRD BEFREIT AUS DES TODES RACHEN.

KATHA-UPANISHAD, TEIL 3

Auch wenn oberflächlich betrachtet alles vergänglich ist und eines Tages sterben wird, um wiedergeboren zu werden, so gibt es einen Teil in uns, der unvergänglich und somit unsterblich ist. Manchmal, wenn wir Phasen tiefen Glücks oder tiefer Meditation erleben, kommen wir vielleicht für kurze Momente oder sogar über einen längeren Zeitraum mit diesem Teil in uns in Kontakt.

Es ist der Teil, der frei von Leiden, Hass, Anhaften und frei von Vorstellungen und Konzepten ist. Dieser Teil ist weder mit Worten zu beschreiben noch mit dem Verstand wirklich zu fassen, sondern nur unmittelbar erfahrbar. Es ist ein Teil, den manche Traditionen als unsere unsterbliche Seele bezeichnen. Im Hinduismus nennt man ihn Atman und im Buddhismus heißt er die Natur unseres Geistes bzw. wird als unsere Buddha-Natur bezeichnet. Wie auch immer wir ES bezeichnen wollen, es ist der Teil, der unsterblich ist, also über den Tod hinaus weiter existiert und mit allen anderen Seelen und dem gesamten Kosmos verbunden ist. Es ist der Teil, der losgelöst ist von Körper, Geist und Eigenschaften, für die wir uns oftmals fälschlicherweise halten. Es ist der Teil, den es vor Anbeginn des Seins gab und den es auch nach dem Tod allen Seins noch geben wird. Es ist der Teil des Seins in uns, den zu erfahren das Ziel aller spirituellen Praktiken ist und der Teil, von dem alle alten traditionellen Schriften wie unter anderem die Bhagavad Gita schreiben:

WEDER WIRD ES GEBOREN,
NOCH STIRBT ES JEMALS,
NOCH WIRD ES, IMMER SEIEND,
JEMALS NICHT SEIN;
UNGEBORGEN, EWIG, BESTÄNDIG IST ES.
DIESES URSPRÜNGLICHE STIRBT NICHT,
AUCH WENN DER KÖRPER GETÖTET WIRD.

UNVERLETZLICH UND NICHT BRENNBAR IST ES,
NICHT BEFEUCHTBAR
UND NICHT AUSZUTROCKNEN;
ES IST EWIG, ALLDURCHDRINGEND,
UNVERÄNDERLICH,
UNBEWEGLICH UND IMMER WÄHREND.[8]

BHAGAVAD GITA

Kommen wir mit diesem Teil in Kontakt, dann erkennen wir, dass wir keine Angst vor dem Tod haben müssen, weil es etwas in uns gibt, das unsterblich ist und immer existieren wird.

Es gibt keinen anderen Augenblick als das Jetzt

Viele Menschen sehen in dem JETZT,
in dem gegenwärtigen Moment,
nur einen Stolperstein.
Sie glauben,
dass sie in einem zukünftigen Moment
glücklicher sein werden als im JETZT.
Dabei handelt es sich bei der Zukunft nur um
eine Gedankenform,
denn keiner hat die Zukunft
jemals getroffen.
Wenn sie kommt, dann ist sie wieder
der gegenwärtige Moment.

Eckhart Tolle

Öffnen wir uns für diesen unsterblichen Teil in uns, merken wir, dass wir viel mehr sind als unser Körper, unsere Emotionen und unser Charakter. Für viele Menschen, die diese Erfahrungen einmal gemacht haben, kommt der Punkt, an dem sie durch diese Begegnung mit diesem Teil anfangen, sich nicht mehr vollkommen mit ihrem Körper und ihren Gedanken zu identifizieren, sondern sich von Anhaftungen, Vorlieben und Abneigungen zu lösen. Sie lernen, mit dem Teil in Kontakt zu kommen – und möglicherweise auch zu bleiben –, der Beobachter des täglichen Geschehens, aber nicht mehr unmittelbar involviert ist. Dann realisieren wir, dass wir nicht unsere Gedanken sind, sondern weitaus mehr als der ewige Strom von inneren Dialogen und zahllosen Wünschen, die uns an die Vergangenheit binden oder uns von der Zukunft träumen lassen.

Eine solche Erfahrung wird oft als das Nach-Hause-Kommen beschrieben, da es mit einem Gefühl des unendlich tiefen Friedens und der unendlich tiefen Stille erfahren wird. Und das, was für die meisten Menschen das Heilvolle an dieser Erfahrung ist, ist die Tatsache, dass diese Erfahrung in ihrem tiefsten Innern passiert und unabhängig von äußeren Umständen ist. In einem solchen Moment realisiert man, dass man nicht mehr im Äußeren suchen braucht, weil alles da und alles vollkommen in einem selbst vorhanden ist.

Diese Erfahrung von Heimkommen, von In-Kontakt-Kommen mit diesem tiefen Frieden wird von vielen Menschen in einem Moment tiefer Verzweiflung gemacht. Manchen wird sie erst auf dem Sterbebett zuteil. Es ist ein Moment, in dem wir den gegenwärtigen Moment so annehmen, wie er ist und bereit sind, alles andere loszulassen. Ein solcher Moment kann als das Ende eines Kampfes erlebt werden, der ein ganzes Leben lang gedauert hat, weil man immer etwas anderes wollte als den gegenwärtigen Moment, die gegenwärtige Situation, die gegenwärtige Arbeitsstelle, den gegenwärtigen Partner usw.

Viele Menschen werden von ihren Lebensumständen unsagbar gequält, weil sie eben den gegenwärtigen

Moment nicht annehmen wollen – sei es, dass sie sich permanent in einer bedrängenden finanziellen Situation befinden, sei es, dass sie an einer schmerzvollen Krankheit leiden, die ihnen das Gefühl vermittelt, jeder weitere Tag müsse einfach unerträglich für sie sein. Dabei sind es aber oftmals gerade solche Situationen, die uns dabei helfen, uns vollkommen in den gegenwärtigen Moment hineinzubegeben, ihn anzunehmen so, wie er ist. Dann kann im Extremfall eine scheinbar unheilbare Krankheit oder eine andere ausweglose Situation dazu führen, dass wir den gegenwärtigen Moment plötzlich ganz von innen heraus – also nicht über den Verstand –, aus unserem tiefsten Inneren heraus vollkommen annehmen. So, wie er ist – ohne Wenn und Aber. In einem solchen Moment ergibt man sich dem Leben. Menschen, die mit Krebspatienten arbeiten, berichten häufig, wie sehr manche gegen die Krankheit ankämpfen. Nehmen sie die Situation aber so an, wie sie ist, beginnen sie plötzlich, auf einer viel tieferen Ebene Heilung zu erfahren. Dabei ist es dann nicht so sehr von Bedeutung, ob dieser Mensch kurze Zeit später stirbt oder gesund wird. Allein durch die vollkommene Annahme der Situation kann eine so tiefe Heilung geschehen, dass jemand die Tatsache, dass er sterben muss, vollkommen akzeptiert und dann letztlich friedvoll stirbt.

Bekommen wir ein Gefühl dafür, was damit gemeint ist, den gegenwärtigen Moment vollkommen anzunehmen, werden wir auch automatisch aufhören, all unsere Aufmerksamkeit auf ein Gestern und Morgen und auf andere Menschen zu richten. Wir werden beginnen, uns die Bedeutung der Achtsamkeit und des Gewahrseins auf den jetzigen Moment mehr und mehr ins Bewusstsein zu rufen. Wir erkennen, dass die Möglichkeit zur Beendigung des eigenen Leids und Erlangung vollkommener Erfüllung nur im gegenwärtigen Moment möglich ist. Und dann wird es auch keine fundamental große Rolle mehr spielen, ob wir noch fünf Jahre oder noch fünfzig Jahre leben.

Ganz im gegenwärtigen Moment verankert zu sein, ist auch das Ziel vieler spiritueller Traditionen. Ganz präsent und achtsam im gegenwärtigen Moment zu leben, ohne sich von seinen Wünschen und Ängsten gedanklich immer wieder in die Vergangenheit oder Zukunft treiben zu lassen. Denn solange wir immer wieder auf ein besseres Morgen hoffen, werden wir nicht in der Lage sein können, mit dem leben zu können, was gerade im Moment geschieht. Solange wir unseren Fokus immer noch auf ein Gestern und Morgen richten, werden wir nicht mit jenem Teil in uns in Kontakt kommen, der raum-, zeitlos und unsterblich ist. Solange wir im Gestern und Morgen suchen, wird es uns gehen wie dem Narren Nasruddin, der auch an der falschen Stelle suchte:

Als Nachbarn von Nasruddin eines Abends nach Hause gingen, sahen sie, wie Nasruddin etwas im Licht der Laterne zu suchen schien. Sie gingen zu ihm und fragten ihn: »Nasruddin, was machst du denn hier?« »Ich habe meinen Haustürschlüssel im Garten verloren«, antwortete er. »Aber dein Garten ist doch ganz woanders. Warum suchst du dann hier

bei der Laterne?«, fragten die Nachbarn jetzt recht erstaunt.
»Weil hier mehr Licht ist.«

Wir suchen in der Vergangenheit und Zukunft, bei Männern und Frauen, in Arbeit und Freizeit nach dem Sinn unseres Lebens. Wir suchen überall im Außen, nur nicht in unserem Innern – dort, wo unser unverletzlicher und vollkommener Kern zu finden ist. Aus diesem Grund haben wir auch die meiste Zeit unseres Lebens das Gefühl, im Mangel zu leben. Das auf äußere Dinge gerichtete Bewusstsein vermittelt uns dabei immer wieder das tiefe Gefühl, dass wir noch nicht genug haben, oder das Gefühl, dass wir noch nicht gut genug sind. Mit Buddhas Worten gesprochen bedeutet dies, dass unser Leben aus Leiden besteht, da wir von den Menschen getrennt sind, die uns wichtig sind, und wir mit den Menschen Zeit verbringen müssen, die wir nicht mögen, Dinge haben wollen, die wir nicht haben, und Dinge ablehnen, die wir haben.

Dadurch, dass der Mensch sich so sehr mit seinen Wünschen und Träumen identifiziert, lebt er so lange in permanenter Unzufriedenheit, bis er sich vollkommen auf den gegenwärtigen Moment einlässt und sich ihm hingibt. Natürlich versuchen die meisten von uns, gerade in scheinbar ausweglosen Situationen aus der Situation herauszukommen, als sie anzunehmen. Doch gerade hier findet ein großes Paradox statt, denn je schlimmer die Lebensumstände eines Menschen sind, desto größer wird die Möglichkeit zu tief greifender Heilung. Kommen wir dann mit dem tiefen Frieden und der tiefen Liebe in Kontakt, die der gegenwärtige Moment birgt, beginnen wir zu realisieren, dass beides eigentlich immer da war und wir erkennen, dass das Leben an sich, so wie es gerade ist, weder gut noch schlecht ist, sondern dass es ganz alleine unsere Gedanken sind, die unsere Erfahrungen und unser Erleben mit »gut« oder »schlecht«, »erfolgreich« oder »niederschmetternd« etikettieren.

Natürlich braucht man nicht zu warten, bis die Lebensumstände so dramatisch sind, um sich dem Jetzt des gegenwärtigen Moments hinzugeben. Mit bestimmten kleinen Übungen ist dies auch auf eine sanfte und liebevolle Weise möglich. Diese Übungen sind Teil vieler spiritueller Traditionen, die durch Meditationen versuchen, den menschlichen Geist zu beruhigen und die Aufmerksamkeit so gut wie möglich auf den gegenwärtigen Moment zu lenken. Dabei ist es sinnvoll, sich erst einmal ganz und gar auf den Körper zu konzentrieren. Leider werden wir in unserer westlichen Gesellschaft so sehr vom Verstand und von den Gedanken gesteuert, sodass wir mehr oder weniger nur im Kopf leben und ein relativ unausgeprägtes Körperempfinden haben. Auf der anderen Seite kann es natürlich auch zu Abspaltungen des Körperempfindens kommen, die vielleicht durch schmerzvolle Erlebnisse ausgelöst wurden und dazu führten, dass man sich an manchen Stellen seines Körpers überhaupt nicht mehr spürt.

Wenn wir uns in der Meditation für unseren Körper öffnen, werden wir irgendwann feststellen, wie sehr er darauf wartet, gesehen und wahrgenommen zu werden. Indem wir den Körper während der Meditation langsam, liebevoll und achtsam durchwandern, erfahren wir viel darüber, wie sich das Leben auf der körperlichen Ebene in einer entsprechenden Region manifestiert hat. Wo auch immer wir die Aufmerksamkeit hinrichten, wird sich im Laufe der Zeit eine höhere Sensibilität entwickeln und das Gefühl vertiefen, dass unser Körper genauso wichtig ist wie unser Geist, um präsent im gegenwärtigen Moment zu sein. Die Bereiche, mit denen wir dabei in Kontakt kommen, helfen uns, zuzulassen, was wir aus unserem Leben verdrängt haben, weil es viel zu schmerzvoll war, um es auszuhalten oder es zu ertragen.

Manchmal dauert es länger, bis in diesen Regionen des Körpers wieder ein tieferes Empfinden entsteht, denn schließlich haben wir viele Jahre damit zugebracht, die erlittenen Verletzungen zu verdrängen. In solchen Momenten, in denen wir unser Gewahrsein auf eben jene Körperpartien richten, kann es passieren, dass wir mit einer breiten Palette von unvorhersehbaren Gefühlen konfrontiert werden, die von überschwänglicher Freude bis hin zu tiefem Schmerz reichen. Je mehr wir uns aber dann auf diese Meditation einlassen, desto mehr sind wir in der Lage, unseren Körper mit allen Sinnen zu erfahren und anzunehmen.

Bewusster werden durch den Körper

Ich sagte zum Leben:
»Ich möchte den Tod sprechen hören.«
Und das Leben redete ein wenig lauter
und sagte: »Jetzt hörst du ihn.«

Khalil Gibran

Es gibt spirituelle Traditionen, die den Körper lange Zeit ignoriert haben, weil ihre ganze Sehnsucht darauf ausgerichtet war, körperliche Bedürfnisse zu überwinden und mit dem Teil in Kontakt zu kommen und zu bleiben, der unsterblich ist. Indische Fakire und Sadhis sind ein gutes Beispiel dafür. Ihr gesamtes Bestreben war darauf ausgerichtet, den Verstand und die Materie zu überlisten und sich nur noch in höheren feinstofflichen Ebenen aufzuhalten, um frei von körperlichen Bedürfnissen zu sein und um das Nirwana so schnell wie möglich zu erreichen.

Um Anhaftungen an den Körper zu überwinden und um sich nicht mehr in den Tausenden von Gedanken des Verstandes zu verstricken, welche körperliche und geistige Bedürfnisse hervorrufen, wurden eine Vielzahl von Meditationstechniken entwickelt. Sie alle haben das Ziel, die körperlichen Bedürfnisse zu kontrollieren und den Verstand zu zähmen, ihn zu erziehen und zu einem konstruktiven Hilfsmittel zu machen, statt, wie es bei den meisten Menschen der Fall ist, sich von ihm beherrschen zu lassen. Gelingt es, den Verstand als ein Hilfsmittel einzusetzen, dann gelingt es, besser im gegenwärtigen Moment zu verweilen und mit dem zu sein, was geschieht. In diesem Moment können wir dann auch die eigene Sterblichkeit – und die der Menschen, die wir über alles lieben – besser annehmen und als einen Teil des Lebens akzeptieren.

Meditations- und Übungsanleitungen, um sich mehr auf den gegenwärtigen Moment zu konzentrieren, gibt es wahrscheinlich so viele, wie es Menschen gibt. Jeder Mensch reagiert durch seine persönliche Geschichte und seine eigene Konstitution auf eine bestimmte Technik besser als auf eine andere. Aus diesem Grund ist es meines Erachtens immer sinnvoll, verschiedene Meditationstechniken auszuprobieren, bevor man vorschnell die Flinte ins Korn wirft und sich ganz und gar von der Meditation abwendet.

Wie wichtig Meditationen im Umgang mit dem Tod sind, wird besonders im Buddhismus deutlich. Dort ist der Tod nicht nur ein fester Bestandteil des Lebens, sondern das Leben selbst auch eine sehr gute Vorbereitung auf das Sterben und auf den Tod. Im Verlauf dieses Buches wird der genaue Verlauf des Sterbens aus Sicht der Buddhisten noch ausführlicher beschrieben. Wenn wir uns, wie die Lehre besagt, darauf vorbereiten, was im Verlauf des Sterbens auf uns zukommt, dann werden wir von den Ereignissen nicht überfallen, sondern können ganz bewusst damit umgehen und im Optimalfall auch die vollkommene Erleuchtung erleben.

Eine wundervolle Meditationsform, die uns darin unterstützen kann, ins Jetzt zurückzukehren, ist die Arbeit mit dem Atem. Dazu müssen wir den eigenen Atem allerdings erst einmal bewusst wahrnehmen. Obwohl der Atem unser treuester Begleiter auf unserem Lebensweg ist, sind sich viele Menschen ihrer eigenen Atmung nicht wirklich bewusst. In einem solchen Fall wird der Atem als sehr flach erlebt und erstreckt sich meist nur auf den oberen Brustbereich. Je mehr wir jedoch mit unserem Atem in Kontakt kommen, desto mehr werden wir uns auch von Ängsten befreien können und in den jetzigen Moment eintauchen.

Den eigenen Atemraum wahrnehmen

So wie ein Anker ein Boot
vor dem Abdriften bewahrt,
so sorgt die bewusste Atmung dafür,
dass wir uns auf den Moment konzentrieren
und unser wahres Selbst
nicht aus den Augen verlieren.

Thich Nhat Hanh

Die Konzentration auf den Atem spielt in vielen spirituellen Traditionen eine zentrale Rolle. In der folgenden Übung können Sie mit ihm ein wenig experimentieren und spüren, wo und wie er Ihren Körper beeinflusst, und sich Ihrer Atemräume bewusst werden. Sorgen Sie dafür, dass Sie ungestört sind und nehmen Sie sich genügend Zeit.

- Sie liegen entspannt auf dem Rücken – vielleicht mit einem kleinen Kissen unter dem Kopf oder mit einer zusammengerollten Wolldecke unter den Knien. Das entlastet den unteren Rücken.
- Beobachten Sie Ihren Atem, ohne ihn zu beeinflussen. Wo spüren Sie ihn? Im Brustkorb? Im Bauch? In den Schultern? Vielleicht auch in den Armen und Beinen? Lassen Sie sich Zeit.
- Stellen Sie sich nun vor, dass Sie durch den linken Arm atmen, so als würde der Impuls zum Atmen von dort kommen. Vergleichen Sie nach ein paar Atemzügen die beiden Arme. Fühlen sie sich unterschiedlich an?
- Nun das Gleiche mit den Beinen. Erst das linke, dann das rechte Bein. Und wieder vergleichen Sie die Beine. Kommt Ihnen das eine jetzt länger vor als das andere?
- Stellen Sie sich als Nächstes vor, dass Sie mit dem ganzen Körper atmen, so, als sei Ihr Körper eine einzige, große Lunge. Atmen Sie den frischen, vitalisierenden Sauerstoff mit jeder Zelle ein und genießen Sie dieses Lebenselixier!

Es empfiehlt sich, diese Übung jeden Morgen nach dem Aufwachen und jeden Abend vor dem Einschlafen zu praktizieren, denn sie unterstützt Sie darin, im Laufe der Zeit ein immer größeres Atembewusstsein zu entwickeln.

Im Folgenden finden Sie einige Meditationen, die Sie darin unterstützen, präsenter im gegenwärtigen Moment zu sein, das Leben und den Tod bewusster anzunehmen. Grundsätzlich sollten Sie bei allen Meditationen einige Aspekte berücksichtigen:

- ❒ Schaffen Sie eine Atmosphäre, die möglichst ruhig ist und in der Sie ungestört meditieren können. Das bedeutet, dass Sie alle ablenkenden Geräusche auf ein Minimum reduzieren. Stellen Sie Ihr Handy, Telefon oder die Türklingel am besten ab, sodass Sie sich wirklich eine halbe Stunde oder eine ganze Stunde ungestört auf Ihren Körper konzentrieren können.
- ❒ Meditieren Sie nach Möglichkeit in einem klaren, aufgeräumten Raum. In einem unordentlichen Raum kommen Sie wesentlich schlechter zur Ruhe und haben unnötigerweise mit Ablenkungen zu kämpfen.
- ❒ Meditieren Sie nach Möglichkeit regelmäßig immer zur gleichen Zeit am gleichen Ort.
- ❒ Sitzen Sie möglichst gerade, mit aufgerichtetem Rücken. Dabei ist es egal, ob Sie auf einem Stuhl, einem Meditationskissen oder auf einem Meditationsbänkchen sitzen.

Meditation mit dem achtsamen Atem

Das Geheimnis einer gesunden Atmung
ist das harmonische Gleichgewicht
zwischen Nehmen und Geben.

Anna Röcker

- Nehmen Sie eine bequeme Sitzhaltung auf dem Meditationskissen, Stuhl oder im Krankheitsfalle im Bett ein. Der Rücken sollte gerade und aufgerichtet sein.
- Schließen Sie die Augen und konzentrieren Sie sich auf das Ein- und Ausströmen Ihres Atems, ohne ihn zu beeinflussen. Versuchen Sie, mit Ihrer Aufmerksamkeit beim Atem zu bleiben.
- Während Sie sich auf den Atem konzentrieren, richten Sie Ihre Aufmerksamkeit auf einen bestimmten Punkt im Körper, zum Beispiel auf den Bauch.
- Beobachten Sie, wie sich die Bauchdecke mit dem Einatmen hebt und mit dem Ausatmen wieder senkt. Um sich ganz auf den Atem konzentrieren zu können, bieten sich folgende Möglichkeiten an:
- Zählen Sie Ihre Atemzüge nach jedem Ausatmen im Geiste von eins bis zehn. Einatmen, ausatmen – *eins*. Einatmen, ausatmen – *zwei*. Zählen Sie bis zehn und beginnen Sie wieder von vorn.
- Wenn Sie sich vor dem zehnten Atemzyklus bereits wieder in Ihren Gedanken verloren haben, holen Sie sich liebevoll zurück und fangen wieder bei eins an. Versuchen Sie, zirka zehn Minuten so zu zählen und zu meditieren, bevor Sie die Zählweise ändern.

- Zählen Sie dann vor dem Einatmen: *Eins* – einatmen, ausatmen. *Zwei* – einatmen, ausatmen. Durch die Verlagerung der Aufmerksamkeit vertiefen sich die Konzentration und die Entspannung. Wenn Sie zehn Minuten auf diese Weise gezählt und sich dabei auf Ihren Atem konzentriert haben, können Sie sich im Anschluss noch weitere fünf Minuten auf den Atem konzentrieren, ohne ihn dabei zu zählen.

Body-Scan-Meditation

Während die Atemmeditation sich nur auf den Atem selbst oder auf die Atemräume bezieht, geht es in der folgenden Meditation darum, den ganzen Körper bewusst wahrzunehmen.

Wenn möglich, sollten Sie sich den Text vorlesen lassen oder selbst auf Band sprechen, um ihn während der Durchführung ungestörter verinnerlichen zu können. Er ist in der Du-Form angelegt, damit Sie sich unmittelbarer angesprochen fühlen. Wenn Sie sich während der Meditation in Gedanken verlieren sollten, so kehren Sie wieder zum Ausgangspunkt, dem Scheitel, zurück.

- Setze dich aufrecht hin und nimm drei tiefe Atemzüge. Lass dich mit jedem Atemzug mehr auf das Kissen (oder den Stuhl) sinken.
- Richte nun deine Aufmerksamkeit liebevoll auf den Scheitelpunkt deines Kopfes. Versuche, diese Region mit all deinen Sinnen wahrzunehmen. Öffne dich

so weit wie möglich mit deiner Aufmerksamkeit für alle Empfindungen, die nun auftauchen. Gib ihnen den notwendigen Raum, ohne sie zu bewerten.

- Wandere nun langsam spiralförmig mit deinem gesamten Gewahrsein durch den Kopf. Gehe langsam zu den Augenbrauen, der Stirn, den Augen, den Ohren, der Nase, dem Mund. Gehe weiter zur Zunge bis hin zum Rachen und zum Halsansatz. Lass nun die Aufmerksamkeit weiter an der Vorderseite des Halses hinabwandern. Erspüre nun weiter die Kehle, die Luftröhre, den Nacken, den Hals und die Schultern.
- Lenke nun dein Gewahrsein auf den Schultergürtel, dann weiter zum linken Arm, bis zu den Händen und Fingern. Gehe langsam den rechten Arm wieder hinauf.
- An der Schulter angelangt, wandert deine ganze Aufmerksamkeit nun zwischen den Schultern über die Brust bis hin zum Herzen hinab. Sei dir dabei des gesamten Brustraums gewahr, bevor du langsam den Bauch hinabwanderst und dir dabei der einzelnen Organe bewusst wirst.
- Wandere nun langsam hinunter zum Geschlecht. Sei dir deiner ganzen Vorderseite gewahr. Gehe von dort aus zur Rückseite des Halses zum oberen Ende der Wirbelsäule und wandere langsam Wirbel für Wirbel den Rücken hinunter und öffne dich für alle Empfindungen, die aufsteigen, ohne sie zu bewerten.
- Gehe dann weiter zu den Gesäßknochen, dem rechten Bein, hinunter bis zu den Zehen und richte dein

Gewahrsein noch einmal auf das ganze rechte Bein, bevor du zur linken Hüfte übergehst und auch hier mit dem gleichen Gewahrsein das ganze linke Bein durchwanderst.

- ❐ Von den Zehen des linken Beines weitest du dein Gewahrsein auf das ganze linke Bein aus. Spüre das Prickeln und Vibrieren, durch das sich das linke Bein bemerkbar macht.
- ❐ Dehne von hier aus dein Gewahrsein auf beide Beine aus, nimm sie wahr, ohne sie zu bewerten.
- ❐ Dehne nun zusätzlich dein Gewahrsein über den gesamten Körper aus – den Bauch, den Brustraum, den ganzen Rücken, die Arme, den Hals und den Kopf. Sei achtsam, wenn dieses Gewahrsein deinen ganzen Körper erfüllt.
- ❐ Von Mal zu Mal wird immer mehr Bewusstheit den ganzen Körper erfüllen – vom Scheitel zu den Zehen und von den Zehen zum Scheitel. Von Mal zu Mal wird sich dein Körper mit mehr Lebendigkeit erfüllen, während wir ihn langsam, achtsam und mit Liebe durchwandern. Zelle für Zelle nehmen wir die Empfindungen des Kribbelns, des dumpfen Schmerzes, des Wohlempfindens, der Ruhe und der Aktivität wahr. Und dabei empfängt jede einzelne Zelle dieselbe Liebe.
- ❐ Durch diese Meditation wird der Körper von lebendigem Bewusstsein erfüllt und öffnet sich dabei immer mehr für den gegenwärtigen Moment, das Jetzt, in dem die vollkommene Erfüllung herrscht.

Durch die bis hierher genannten Meditationen sind Sie mit Ihrem Körper und Ihrem Atem in Kontakt gekommen und haben neue Räume wahrgenommen. Diese Erfahrung bildet die wertvolle Basis für Meditationen über den Tod, auf die ich später zurückkommen werde.

Je mehr Sie sich für sich selbst, für Ihren Körper und Ihre Empfindungen öffnen, desto intensiver können Sie den jetzigen Moment genießen. Durch das bewusste Erfahren der eigenen Körperräume wird der Körper zu dem, was er ist – ein großes Geschenk.

Die Macht der Gefühle

Es gibt keinen grösseren Irrtum
als den Hass.
Und es gibt nichts Mächtigeres als Geduld.
Also bemühe dich, so gut es nur geht,
Geduld zu erlernen.

Der Buddha

Dass es sich elementar auf unser Dasein auswirkt, wie wir mit unserem Körper umgehen, können wir am eigenen Leib erfahren, wenn wir die Übungen und Meditationen wie die zuvor genannten machen. Aber auch unsere Gefühle wirken sich auf unser Leben, unser Sterben und auf unsere Wiedergeburt aus. Für die Buddhisten sind es insbesondere die negativen Gefühle wie Hass, Wut und Gier, die uns das Leben schwer machen. Emotionen wie beispielsweise Wut sind dafür verantwortlich, dass unser Geist trübe wird und unser Bewusstsein unklar. Es bedarf sehr viel bewusster Anstrengung und einen starken Willen, sich diese Emotionen bewusst zu machen. Buddhisten verwenden nicht selten den Vergleich, dass es so sei, als wenn man gegen den Strom schwimmen würde. Um einen bewussten Umgang mit diesen negativen Gefühlen zu erlangen und ein leichteres Leben zu führen, empfehlen sie, sich in Geduld zu üben. Denn es ist besonders schwierig,

Zorn, Hass und Wut in den Griff zu bekommen, aber auch genauso schwierig, Geduld zu entwickeln. Denn Geduld ist das Einzige, was Zorn, Hass und Wut besiegen kann.

Wie negativ sich beispielsweise Wut auf unser Wohlempfinden auswirken kann, kennt wohl jeder aus eigener Erfahrung. Wut kann einen Menschen von einem Moment auf den anderen in eine negative Stimmung versetzen und ihm den ganzen Tag und – manchmal unbewusst – sogar das ganze Leben vermiesen. Viele Menschen tragen unbewusst unverarbeitete Wut mit sich herum und erschweren sich selbst und manchmal auch anderen Menschen das Leben. Die traditionellen Lehren des Buddhismus gehen auch davon aus, dass Gefühle wie Wut und Zorn wie ein Feuer sind, die sehr viel Brennstoff verzehren. Dieser Brennstoff aber setzt sich ihrer Meinung nach aus unseren positiven Verdiensten zusammen, die wir im Laufe vieler Leben gesammelt haben. Durch einen einzigen Wutausbruch können demzufolge die Verdienste vieler Leben vernichtet werden – und das, wo es sowieso schon schwer genug ist, positives Karma anzusammeln.

Um sich vom Einfluss der negativen Gefühle auf unser jetziges und späteres Leben zu befreien, ist es wichtig, zu erkennen, wie sehr wir durch diese Emotionen – oftmals unbewusst – gefangen sind. Häufig glauben wir, dass andere Menschen wütend oder zornig sind, und erkennen nicht, dass es unsere eigene Wut ist, die sich lediglich im Verhalten der anderen Menschen spiegelt. Denn die eigenen negativen Gefühle werden unterdrückt und verleugnet. Oftmals sind es spirituell interessierte Menschen, die hier die Ebenen verwechseln und sich selbst für unspirituell halten, weil sie negative Gefühle haben. In solchen Fällen stauen sich die Gefühle unbewusst und richten sich irgendwann dann wiederum unbewusst gegen andere – oder aber gegen sich selbst.

Durch Meditation können wir zum Glück mit der Zeit lernen, uns der eigenen Gefühle bewusst zu werden und anzuerkennen, dass wir vielleicht mit einer bestimmten Situation oder einem bestimmten Menschen ein Problem haben, weil er uns ungeheuer wütend macht. Vielleicht schämen wir uns in dem Moment dafür, dass wir noch von solchen Gefühlen bestimmt werden, obwohl wir doch so gerne spirituell und gut sein möchten. Doch indem wir ein solches Gefühl überhaupt erst mal vor uns selbst zugeben, nehmen wir ihm viel von seiner destruktiven Macht und können es mit der Zeit auch transformieren.

Sich solche negativen Gefühle einzugestehen, ist für viele Menschen nicht einfach. Manchmal braucht es Monate oder sogar Jahre, um so etwas zuzulassen. Besonders dann, wenn sich diese Gefühle gegen einen Menschen richten, den wir besonders lieben oder der schwer krank ist oder vielleicht sogar schon verstorben ist. Solange wir uns die Gefühle nicht eingestehen, werden wir sie auf unbewusste Weise nähren und uns dadurch selbst schwächen. Je eher es uns gelingt, sich die eigenen Gefühle einzugestehen, desto eher werden wir uns von ihnen befreien können. Und je eher wir uns eingestehen, dass auch wir wütend werden können oder Zorn in uns tragen, desto eher werden wir diese Gefühle erkennen, ohne uns vollkommen von ihnen überrollen zu lassen und somit großen Schaden gegen uns selbst und andere Menschen anzurichten.

Pflegen wir darüber hinaus Gefühle wie Mitgefühl uns selbst und anderen gegenüber, werden negative Gefühle wie Zorn und Wut nicht mehr so leicht aufkommen. Unter Mitgefühl verstehen die Buddhisten zum Beispiel, dass man davon absieht, sich selbst und anderen zu schaden oder zu verletzen und dass man sich darum bemüht, sich selbst und anderen Aufmerksamkeit zu schenken.

Dieses Mitgefühl können wir entwickeln, indem wir beispielsweise die Meditation des Vergebens praktizieren.

Sich selbst vergeben

❒ Sie sitzen aufrecht mit geradem Rücken auf einem Meditationskissen, einem Stuhl oder auf der Bettkante. Die Füße sollten nach Möglichkeit guten Kontakt mit dem Boden haben.

❒ Atmen Sie einige Male tief ein und aus, um im Hier und Jetzt anzukommen. Stellen Sie sich dabei vor, wie Sie mit jedem Einatmen entspannen und wie mit jedem Ausatmen Stress und Anspannung von Ihnen abfällt.

❒ Wenn Sie entspannter sind, richten Sie Ihre Aufmerksamkeit beim Atmen auf den Brustbereich. Stellen Sie sich vor, wie sich Ihr Herz mit jedem Einatmen ein wenig mehr öffnet. Mit jedem Ausatmen fällt mehr und mehr Stress von Ihnen ab.

- ❒ Versuchen Sie sich an eine Situation zu erinnern, für die Sie sich selbst verurteilen.
- ❒ Lassen Sie diese Situation erneut vor Ihrem inneren Auge auftauchen, ohne sie zu bewerten und ohne sich wieder zu verurteilen.
- ❒ Versuchen Sie, über die gesamte Zeit den Kontakt zu Ihrem Herzen aufrecht zu halten, während Sie die Szene noch einmal sehen und durchleben.
- ❒ Wenden Sie sich nun sich selbst zu und bleiben Sie weiterhin mit Ihrem Herzen in Kontakt und sagen Sie sich innerlich: »Ich verzeihe mir dafür, dass ich dich schlecht behandelt habe« oder »Ich vergebe mir von ganzem Herzen für mein Verhalten.«
- ❒ Versuchen Sie, sich selbst liebevoll zu begegnen, während Sie sich vergeben. In welcher Form Sie dies tun, können Sie am besten mit ein wenig Übung herausfinden. Vielleicht möchten Sie sich dabei vor sich selbst verbeugen. Vielleicht möchten Sie sich selbst liebevoll in die Arme nehmen. Vielleicht fällt Ihnen aber auch spontan ein ganz anderes Bild ein, das Sie darin unterstützt, sich selbst zu vergeben.

Diese Meditation kann Sie darin unterstützen, sich liebevoller und verständnisvoller zu begegnen und mehr und mehr mit sich selbst in Einklang zu kommen – und Ihr Leben bewusster zu leben.

Anderen vergeben

Sie können die Meditation so ausweiten, indem Sie nicht nur sich selbst, sondern auch einer anderen Person vergeben. Dies kann sich auf einen aktuellen oder älteren Konflikt beziehen und auch auf einen Menschen, der inzwischen nicht mehr lebt.

- ❐ Sie sitzen wieder aufrecht mit geradem Rücken. Die Füße sollten nach Möglichkeit guten Kontakt mit dem Boden haben.
- ❐ Atmen Sie einige Male tief ein und stellen Sie sich dabei vor, wie Sie mit jedem Einatmen entspannen und mit jedem Ausatmen Stress und Anspannung von Ihnen abfällt.
- ❐ Richten Sie Ihre Aufmerksamkeit beim Atmen auf den Brustbereich und stellen Sie sich nun wieder vor, wie sich Ihr Herz mit jedem Einatmen ein wenig mehr öffnet. Mit jedem Ausatmen fällt mehr und mehr Stress von Ihnen ab.
- ❐ Versuchen Sie sich nun an eine Situation zu erinnern, in der Ihnen Ihrer Meinung nach ein anderer Mensch Unrecht getan hat. Lassen Sie diese Situation erneut vor Ihrem inneren Auge auftauchen, ohne sie zu bewerten und ohne sich wieder zu verurteilen.
- ❐ Bleiben Sie weiterhin mit Ihrem Herzen in Kontakt und sagen Sie innerlich: »Ich vergebe dir von ganzem Herzen für dein Verhalten«.
- ❐ Vielleicht fällt es Ihnen schwer, zu vergeben, weil Sie ein tiefes Gefühl von Wut und Rache überfällt. Registrieren Sie diese Gefühle, ohne sich völlig da-

von einnehmen zu lassen. Nehmen Sie die Gefühle wahr, und kehren Sie dann sofort wieder zu dem Satz zurück: »Ich vergebe dir von ganzem Herzen.«

- Atmen Sie mit jedem Atemzug Vergebung ein und Widerstände aus. Atmen Sie so lange Widerstände aus, bis Sie merken, dass sich Ihr Herz für den anderen wieder mehr öffnet und Sie sich beim Ausatmen ganz in das Gefühl der Vergebung entspannen können.
- Atmen Sie zum Abschluss der Meditation noch ein paar Male in Ihr Herz ein und aus, bevor Sie sich dehnen und strecken, um sich selbst und der Welt wieder neu – und mit einem offenen Herzen zu begegnen.

Gelingt es, uns selbst und anderen Menschen zu vergeben, können wir bewusster leben. Dann wird es uns auch gelingen, klarer im gegenwärtigen Moment zu leben, das Leben in seiner Fülle ganz und gar zu genießen und zu erleben, um dann eines Tages bewusster zu sterben.

Sterben

Die Rückkehr beginnt zu der Zeit,
wenn die Blume zu ihrer vollen Blüte
gelangt ist,
zu der Zeit, wenn das Ziel, die Aufgabe,
für die die Seele auf Erden geboren wurde,
erfüllt ist.
Dann gibt es nichts mehr zu halten,
und die Seele zieht sich natürlich zurück,
so wie der Atem ausgeatmet wird.
Aber stirbt der Mensch, wenn er ausatmet?
– Nein. So stirbt auch die Seele nicht,
wenn sie sich zurückzieht,
obwohl es scheinbar für den
sterbenden Menschen
und für diejenigen, die bei ihm wachen,
den Eindruck des Todes macht.[9]

Hazrat Inayat Khan

Die kleinen Tode sterben

DIE KUNST DES LEBENS
UND DES STERBENS
KANN MAN NIE ZU VIEL STUDIEREN.

SCHWEDISCHES SPRICHWORT

Wie oft stehen wir im Laufe unseres Lebens am Tor zum Himmel und zur Hölle, ohne einen physischen Tod zu erleben? Und wie viele kleine Tode erleben wir, längst bevor unsere Seele unseren Körper verlässt? *»Der Schlaf ist der kleine Bruder des Todes«* heißt es bei den Chinesen. Und die Franzosen sehen in jedem Orgasmus einen kleinen Tod. Auch jede Trennung von einem geliebten Menschen kann als ein kleiner Tod erlebt werden. Ebenso lässt uns eine jede spirituelle Transformation sterben und wiederauferstehen.

Dass wir viele Hunderte, ja vielleicht sogar Tausende Male im Verlauf unseres Lebens sterben, ist uns nicht bewusst, spiegelt sich aber in Aussprüchen wie »Ich bin vor Angst gestorben« wider. Der erste Kindergartentag ist vielleicht ein kleiner Tod, ebenso wie die Trennung von unserer ersten großen Liebe. Auch der erste öffentliche Vortrag kann von jemandem so angstvoll erlebt werden, dass er das Gefühl hat, er würde das nicht überleben. Für einen anderen Menschen mit Platzangst ist es die Fahrt in einem Aufzug oder die

Fahrt durch einen Tunnel, die ihn jedes Mal einen kleinen Tod sterben lässt.

Manchmal sind es aber auch die Erwartungen an andere Menschen, die uns so sehr enttäuschen, dass wir das Gefühl haben, es würde ein Teil von uns sterben. Insbesondere in Liebesbeziehungen ist dies oft der Fall. Meistens haben wir uns in einem solchen Fall bestimmte Vorstellungen von einem Menschen gemacht, die er nicht erfüllt. Entspricht er diesem Bild nicht oder erfüllt er unsere Erwartungen nicht, werden wir zwar zum einen enttäuscht, sehen ihn andererseits aber zum ersten Mal so, wie er wirklich ist. Leider schieben wir in vielen Fällen die Schuld für unsere Enttäuschung auf diesen Menschen und machen ihn dafür verantwortlich, dass er unserem Bild nicht entspricht. Manchmal erkennen wir aber durch eine solche Enttäuschung, dass dieser Mensch selbst uns nichts vorgemacht oder versprochen hat, sondern dass wir ihn einfach nicht so sehen wollten, wie er ist.

Je größer die Erwartungen sind, die wir in diesen Menschen hineinprojizieren, desto größer wird natürlich auch die Enttäuschung sein, die wir erleben – und desto größer wird auch der kleine Tod sein, den wir aufgrund dieser Enttäuschung sterben werden. Umgekehrt kann es natürlich genauso gut passieren, dass ein anderer Mensch auf uns Erwartungen projiziert hat, die wir nicht erfüllen können. Dann ist er oder sie von uns enttäuscht, wird uns verlassen und wiederum einen kleinen Tod sterben.

Nach solchen schmerzvollen Erfahrungen fühlen wir uns manchmal vom Leben betrogen. Dabei hat das

Leben selbst nichts verursacht, sondern es waren ganz allein unsere Vorstellungen, die wir von einer Situation und von einem Menschen hatten, die dazu führten, dass wir, genauer gesagt, unser Ego einen kleinen Gedankentod sterben musste. In einem solchen Moment stirbt ein Konzept bzw. unsere Vorstellung davon, wie das Leben und andere Menschen zu sein hätten. Auch wenn dieser kleine Tod im Moment des Erlebens sehr schmerzvoll ist, so führt er uns doch auch immer wieder ein Stück mehr zum Leben selbst und zu unserer wahren Natur, jenseits von Vorstellungen und Konzepten.

Aber auch das Leben selbst lässt uns manchmal viele kleine Tode sterben: Ein Großbrand, der innerhalb von einigen Tagen ganze Landstriche zerstört und Menschen die Grundlage für ihr Leben nimmt. Eine Überschwemmung, die von einer Nacht auf die andere ein ganzes Dorf überfluten kann und Menschen ihr Haus und somit auch ihre Existenzgrundlage wegnimmt. Ein Autounfall, bei dem ein Mensch zwar nicht stirbt, aber so schwer verletzt wird, dass er vielleicht durch eine Querschnittslähmung sein Leben nicht mehr in der gewohnten Form fortführen kann und viele Wünsche und Vorstellungen über sein zukünftiges Leben von einem Moment auf den anderen zunichte gemacht werden. Oder die Gewissheit, keine Kinder bekommen zu können, obwohl der sehnlichste Wunsch eines Mannes oder einer Frau darin besteht, ein eigenes Kind zu haben. Einen existenziellen Tod sind auch viele Menschen in den letzten Jahren gestorben, als sie ihr gesamtes Vermögen in Aktien anlegten und verloren haben, oder ihr Geld einem Vermögensberater anvertrauten, der falsch investiert hat und somit ihre gesamte finanzielle Existenzgrundlage von einem Tag auf den anderen zerstört wurde.

Solche Momente, in denen das Leben einem Menschen seinen Lebenstraum nimmt, ihn seiner Existenzgrundlage beraubt oder mit einer unheilbaren Krankheit konfrontiert, können den Betroffenen wachrütteln und ihm zeigen, dass das Leben selbst die Gesetze schreibt und nicht der Mensch, der glaubt, durch seinen Verstand das Leben zu beherrschen. Solche als sehr traumatisch erlebte Erfahrungen können Menschen dazu bringen, anzunehmen, das Leben sei gnadenlos. Es zerstöre alle Wünsche und Illusionen, ließe alle Träume sterben, um auf drastische Weise zu zeigen, dass es so ist, wie es ist – und nicht so, wie wir es uns ersehnen, erträumen und erhoffen.

Aber das Leben selbst ist nicht gnadenlos, es IST einfach, ausgestattet mit seinen eigenen Gesetzen, die allerdings für den menschlichen Verstand nicht nachvollziehbar sind. Es IST. Und in diesem SEIN hat alles seinen für ihn vorgesehenen Platz. Selbst Katastrophen und unheilbare Krankheiten haben ihre Seinsberechtigung. Im SEIN sind sie wertfrei angesiedelt, weder gut noch schlecht, sondern sie sind einfach ein kleiner Baustein eines perfekten kosmischen Systems. Und mit jedem kleinen Tod, den wir erleben, können wir dem Verständnis von diesem System ein Stück näher kommen. Denn alles, was bei unseren kleinen Toden stirbt, sind die Vorstellungen und Konzepte über uns und unser Leben.

Manchmal ist es gerade das, was einem Menschen genommen wird, an dem er am meisten gehangen hat oder von dem er sich die größte Erfüllung erhofft hat, wie zum Beispiel ein geliebter Mensch oder ein Geschäft, das er aufgebaut hat. In einem solchen Moment erlebt ein Mensch einen so großen Verlust, einen so existenziellen Tod, dass sich danach sein gesamtes Leben ändert. Meist ändert es sich für ihn zum Guten, auch wenn er dies erst viele Jahre später realisiert. Denn durch den Tod der Vorstellung davon, wie das Leben zu sein hat, werden wir wach und frei. Oftmals sind es nämlich nicht nur die eigenen Vorstellungen, die gestorben sind, sondern auch jene, die unsere Eltern, unsere Familie von unserem Leben gehabt haben oder die der Gesellschaft, in die wir hineingeboren wurden. Stirbt ein solches Konzept über unser Leben bzw. den Verlauf unseres Lebens, kommen wir nicht selten überhaupt erst mal mit uns selbst in Kontakt.

Dieser Kontakt findet meist auf einer tieferen Seinsebene statt. In diesem Moment kann unser Leben eine vollkommen neue Richtung nehmen und wir werden wie Phönix aus der Asche steigen und erleben das Leben auf eine viel reichhaltigere und schönere Weise, als wir es jemals erhofft haben.

Der ungewollte Tod des Ego

UND SO LANG DU DAS NICHT HAST,
DIESES STIRB UND WERDE!
BIST DU NUR EIN TRÜBER GAST
AUF DER DUNKLEN ERDE.

JOHANN WOLFGANG VON GOETHE

Situationen, die unser Leben auf grundlegende Weise verändern, werden oftmals auch als der Tod des Ego bezeichnet. Es sind die Momente, die uns sterben lassen, um zu leben. Wie existenziell wichtig diese kleinen Tode für das Wachstum eines Menschen sind, wissen nicht nur diejenigen, die solche Erfahrungen durchlebt haben, sondern auch die Mythen und Märchen vieler Völker dieser Welt berichten davon. Dort muss der Held eines Märchens erst in das Reich des Todes hinabsteigen, bevor er ein besseres Leben, eine neue Geburt oder höchste Erfüllung erfährt. Aber dieser Held kommt stets verändert aus der Hölle oder dem Reich der Toten zurück: reich an Wissen und Erfahrung über sich selbst, über das Leben und die Zusammenhänge allen Seins.

Dass der Held vieler Märchen als wissend und gestärkt von seinen Reisen durch die Totenwelten zurückkehrt, liegt daran, dass er keine Angst vor den Gefahren und vor dem scheinbaren Tod hat, der ihn unterwegs erwartet. Er ist offen und lernwillig und bereit, sich auf das Unbekannte einzulassen, um daran zu wachsen und sich zu wandeln.

Lassen auch wir uns in einer solchen Weise auf das Leben ein, so können auch wir aus dem, was das Leben uns beschert, reif und geläutert hervorgehen.

Viele unserer kleinen Tode sterben wir unbewusst. Die wenigsten Menschen suchen solche Erfahrungen, bei denen sie selbst den alchemistischen Prozess durchlaufen. Es ist das Leben selbst, welches uns die Erfahrungen schickt, um durch sie zu sterben und wieder im neuen Licht aufzuerstehen. Erst Jahre später wird es uns bewusst, welche tiefe Wandlung wir während dieser Zeit durchlebt haben und sind in den meisten Fällen dankbar um diese Erfahrung.

Der gewollte Tod des Ego

HEUTE IST EIN GUTER TAG
ZUM STERBEN.

INDIANISCHES SPRICHWORT

Es gibt aber auch heute noch Kulturen, die den Tod des Ego bewusst herbeiführen. So verbringt zum Beispiel in tibetischen Tempeln ein Mönch 49 Tage allein in einem dunklen Raum. Während dieser Zeit erfährt er quasi eine Art Wiedergeburt. Nach buddhistischem Glauben dauert es 49 Tage, bis ein verstorbener Mensch die verschiedenen Zwischenreiche vom Tod zur Wiedergeburt durchlebt und sich dann wieder inkarniert.

Bei den nordamerikanischen Indianern verbringen Jugendliche während ihrer Pubertät mehrere Tage mit einer so genannten *Vision Quest*. Sie gehen alleine auf einen Berg, um möglicherweise eine Vision zu erhalten, die ihnen den Weg für ihr weiteres Leben weist. Oftmals kommen sie dort auch in Kontakt mit ihren Schutzgeistern oder anderen Wesen. Vielen dieser Menschen ist bereits beim Abstieg von einem solchen Berg bewusst, dass sie nicht mehr dieselben Menschen sind wie die, die sich zur Visionssuche aufmachten. Auch in Europa hat die Visionssuche in den letzten Jahren an Zuspruch gewonnen. Hier sind es nicht nur Jugendliche, die sich in die Einsamkeit zurückziehen, sondern auch Menschen, die das Gefühl haben, dass eine bestimmte Lebensphase zu Ende geht und etwas Neues für sie ansteht: Manche suchen die Einsamkeit beispielsweise nach einer gescheiterten Ehe auf, andere wiederum, weil sie sich beruflich neu orientieren möchten.

Ein solcher Rückzug in die selbst gewählte Einsamkeit kann anfangs sehr schmerzvoll sein. Denn erst dann wird uns bewusst, wie sehr wir mit Äußerlichkeiten identifiziert sind und wie sehr unser Selbstbewusstsein davon abhängt. Gehen wir aber über den Punkt der Identifikation hinaus, erkennen wir, dass wir mehr sind als unser Körper, mehr sind als unsere Gewohnheiten. In einem solchen Moment können wir mit einem Punkt in uns in Kontakt kommen, der als göttlich und als unsterblich bezeichnet wird. Es ist ein Punkt, der jedem Menschen innewohnt und unberührt bleibt von den Vorlieben, Abneigungen, Ängsten und Sorgen des Ego. Je eher wir uns für diesen Punkt öffnen, desto weniger werden wir in der Stunde unseres Todes an unserem Ego haften.

Der besondere Tod

Wenn du dich auf die Reise begibst,
sind Berge nicht länger Berge
und Flüsse keine Flüsse mehr.
Wenn du die Reise zu Ende gemacht hast,
sind Berge wieder Berge
und Flüsse wieder Flüsse.

Lied eines Schamanen[10]

Eine besondere Position beim Tod des Ego nehmen die Schamanen vieler verschiedener Völker ein. Oftmals ist ihr Schicksal, dass sie als Erwachsene dem Volksstamm als Heiler zur Verfügung stehen, schon vor ihrer Geburt besiegelt. Manchmal weisen sie dann bei der Geburt auch schon offensichtliche Zeichen eines Schamanen auf: Künftige große Schamanen wurden zum Beispiel bereits mit Zähnen geboren, kamen mit einer so genannten Glückshaube zur Welt, die mitunter den ganzen Leib bedeckte, hatten ein auffälliges Muttermal oder überzählige Zehen oder Finger.[11] Im Vergleich zu anderen Kindern des Dorfes oder der Gemeinschaft wirken Schamanen von klein auf unausgeglichen und nervös, so, als würden sie unter extremer psychischer Spannung stehen. Sie neigen zu Ohnmachtsanfällen, sind verschlossen, ernst, grüblerisch und nachdenklich. Normalerweise sind sie sehr introvertiert und gelten als

Außenseiter einer Gesellschaft. In manchen Fällen folgt nach Abschluss des zweiten Zahnens bzw. wenn das Kind selbstständig sprechen und denken gelernt hat die Berufung, auch Initiation genannt – im Regelfall aber spätestens während der Pubertät. Neben Schamanen, die in Schamanenfamilien hineingeboren werden, gibt es auch noch spontan berufene Schamanen. Dem Auserwählten zeigen sich dann in Träumen die Seelen Verstorbener, vor allen Dingen die Seelen von verstorbenen Schamanen, oder häufig auch Geister. Diese erscheinen dann in Tiergestalt wie zum Beispiel als Adler, Eule, Hirsch, Bär, Schlange oder Kröte und fordern ihn eindringlich auf, Schamane zu werden.

Die meisten wehren sich allerdings verzweifelt gegen den Ruf der Geister, da allgemein bekannt ist, welche Entbehrungen und Qualen ein Schamane durchlebt. Seine eigenen Bedürfnisse und Wünsche werden vollkommen unwichtig. Sein Ego muss sterben, denn ein Schamane ist nach seiner Berufung gänzlich dem Wohl seines Volkes verpflichtet. Das heißt, er führt kein normales Leben wie der Rest der Gesellschaft, in der er lebt.

Die Abwehr gegen den Ruf als Schamanen geht mit vielen psychischen und physischen Leiden einher, bei denen der Aspirant den langsamen Tod seines Ego erlebt. Diese Phase wird auch als Schamanenkrankheit bezeichnet. Hierbei leiden die Betroffenen nicht nur unverkennbar, sondern auch auf eine ganz spezifische Weise. Die Gemeinschaft kann anhand dieser wohl unverkennbaren Symptome sofort erkennen, dass es sich um eben diese Krankheit handelt. Zu den körperlichen

Symptomen zählen unter anderem Magenbeschwerden, stechende Kopfschmerzen, Atemnot, Versteifung der Gliedmaßen sowie Hautkrankheiten.[12]

Vor allem aber werden die zukünftigen Schamanen von psychischen Leiden gequält. Hierzu gehören schreckliche Träume, die sich auch teilweise tagsüber in entsprechenden Visionen fortsetzen. In diesen Fällen beginnen die Betreffenden, sich stöhnend im Schlaf zu wälzen, herumzuirren, zu schreien, zwischendurch Schamanengesänge zu singen, die sie eigentlich nicht kennen können. Nach solchen Anfällen verfallen sie meist wieder in Apathie.[13] Nimmt der Auserwählte den Ruf der Schamanen an, wird er von alten Schamanen oder Geistern unterwiesen. Tut er dies nicht, so wird er lebenslang mit Wahnsinn geschlagen oder stirbt auf qualvolle Weise. Nimmt er den Ruf an, verschwinden diese qualvollen Leiden jedoch innerhalb weniger Tage und er wird initiiert. Von den alten Schamanen des Stammes oder den Geistern erfährt er nun Schritt für Schritt alles, was er für seine spätere Schamanenpraxis benötigt: Techniken, Praktiken, Durchführung von Ritualen, Gesänge, Kenntnisse über Pflanzen, Mythen, Umgang mit psychoaktiven Pflanzen, die er benötigt, um in andere Welten wie zum Beispiel Totenreiche zu reisen.

Loslassen

ABSCHIED SEI FÜR DIE SEELE DASSELBE WIE
FIEBER FÜR DEN KÖRPER:
ES IST ZWAR VORÜBERGEHEND UNANGENEHM,
DOCH ES REINIGT UND BEFREIT.

SIGRUN HOPFENSPERGER

Egal, ob wir einen kleinen Tod sterben oder den Tod, bei dem wir unseren physischen Körper verlieren werden, bei allen Toden müssen wir etwas loslassen: vielleicht eine Meinung, eine Vorstellung, vielleicht auch etwas Materielles, etwas uns sehr Wichtiges, vielleicht auch einen Menschen, an dem unser Herz hängt. Tun wir uns bereits zu Lebzeiten schwer, etwas loszulassen, so werden wir wahrscheinlich auch in der Stunde unseres Todes Schwierigkeiten damit haben, vom Leben selbst loszulassen. Es gibt spirituelle Traditionen, die glauben, dass wir genauso sterben werden, wie wir gelebt haben. Wie es aussieht, wenn wir etwas nicht loslassen können, zeigt diese kleine tibetische Geschichte:

Der Mönch, der nicht loslassen wollte

Im 18. Jahrhundert gab es in Tibet einen alten Mönch. Dieser Mönch hatte eine besonders große Vorliebe für eine bestimmte Sorte Butter, die für die Herstellung des tibetischen Butter-

tees verwendet wurde. Er tat nichts lieber, als sie zu sammeln, um sie wieder zu verwenden und Zhah daraus zuzubereiten. Eines Tages wurde er krank, aber trotz seines Alters und seiner Krankheit gelang es ihm immer noch, jeden Morgen ins Kloster zu den Morgenversammlungen zu gehen, bei denen der Buttertee serviert wurde. Sein Gesundheitszustand verschlechterte sich allerdings sehr schnell und bald schon konnte er seine Teeschale nicht mehr halten. Nach einigen Wochen konnte er sogar selbst nicht mehr laufen und ließ sich von zwei jungen Mönchen stützen, damit er weiterhin jeden Morgen zur Morgenversammlung gehen konnte, um seine Butter abzuholen. Er war so krank, dass jeder im Kloster sich wunderte, dass der Mönch überhaupt noch lebte.

Eines Tages kam ein bekannter Rinpoche, der den Alten von früher her kannte, zu Besuch ins Kloster. Er suchte den Kranken auf und fragte ihn nach seiner Gesundheit. »Nun ja, ich bin zwar krank, aber ich habe immerhin noch keine einzige Morgenversammlung versäumt, um meinen Tee zu holen. Ihr wisst ja, dass ich diesen Tee immer schon so sehr geliebt habe!« »Ja, das weiß ich«, antwortete der Rinpoche. »Und, konntest du auch viel Zhah sammeln?« »Ja«, antwortete der Alte und strahlte über das ganze Gesicht, »ich habe viel Zhah gesammelt und werde bestimmt auch noch weiterhin viel sammeln.« Daraufhin sagte der Rinpoche: »Ich weiß nicht, ob du auch davon gehört hast, aber die Butter im Reinen Land Tushita muss viel, viel besser sein als unsere. Und außerdem bekommt man dort so viel man will.«

Der Alte wurde hellhörig und fragte: »Seid ihr ganz sicher?« »Ja, natürlich! Mein Lehrer hat es mir erst letzte Woche erzählt.« »Nun ja, wenn er es gesagt hat, dann wird es wohl der Wahrheit entsprechen«, sagte der Alte. Die beiden verbeugten sich zum Abschied noch einmal tief voreinander und der alte, kranke Mönch starb bereits in der kommenden Nacht ganz friedlich.

Schwer kann es auch sein, einen geliebten Menschen loszulassen. Für die meisten von uns ist dies wahrscheinlich eine ausgesprochen schwere Anforderung, wenn nicht sogar die schwerste überhaupt. Es gibt Menschen, die den Sinn ihres Daseins nur im Zusammensein mit einem anderen Menschen sehen. Sie haben das Gefühl, ohne diesen Menschen nicht weiterleben zu können oder zu wollen. Immer wieder hört man von Ehepaaren, von denen erst der eine und kurze Zeit später der andere Partner stirbt. Andere wiederum haben ihre ganze Selbstverantwortung in die Hände ihres Gefährten gelegt und das Gefühl, ihr Leben ohne ihren Partner gar nicht bewältigen zu können.

Halten wir an einem Menschen fest, so kann dies aber nicht nur für uns selbst äußerst schmerzvoll sein, sondern es kann auch dazu führen, dass ein Mensch, der im Sterben liegt, nicht wirklich sterben oder - sollte er schon gestorben sein - nicht ins Reich der Toten gehen kann. Ich selbst begegnete im Rahmen einer Veranstaltungsorganisation einer Frau, die mich anrief und mir mitteilte, dass sie gern an dem Seminar teilnehmen würde, es allerdings nicht könne, weil ihr Vater seit Wochen im Koma liege. Man rechne jeden Tag damit, dass er sterben könne. Aus diesem Grund wolle sie München nicht verlassen. Ich fragte sie daraufhin, ob sie sich schon von ihrem Vater verabschiedet hätte, was sie bejahte. Ich bat sie, sich an diesem Abend erneut von ihm zu verabschieden und ihm zu sagen, wie gern sie auf dieses Seminar gehen würde, ihr es aber nicht möglich sei, solange er noch im Koma läge. Ich sagte ihr, dass sie ihm sagen könnte, dass er wirklich ganz beruhigt gehen könnte, weil sie ihr Leben nun selbst in die Hand nehmen würde.

Sie fand diese Anregung gut und wir beendeten das Telefonat. Am nächsten Morgen rief sie mich an und erklärte mir, dass sie meinen Rat befolgt habe und dass ihr Vater in der Nacht gestorben sei. In dieser besonderen Situation nahm sie dann an dem Seminar teil.

Besonders schwer ist es für Eltern, ihr Kind loszulassen, vor allem wenn es stirbt. Es gibt vermutlich keine schmerzvollere Erfahrung als die, dass das eigene Kind vor einem geht. Für die Kinder selbst ist der Abschied aus dem Leben hingegen leichter als für Erwachsene. Dies berichten Hospizhelfer, die mit sterbenden Kindern arbeiten, häufig. Statt angstvoll dem Tod entgegenzublicken, sprechen diese Kinder davon, dass ein bereits verstorbener Mensch, der ihnen zu Lebzeiten sehr nahe war, bereits warte, um es abzuholen.

Für die Eltern ist es nicht fassbar, warum ausgerechnet ein so junger Mensch sterben muss, der quasi noch sein ganzes Leben vor sich hat. Immer wieder hört man betroffene Eltern sagen, dass das Leben doch hätte besser sie nehmen sollen als ihr Kind. Aber auch Außenstehenden fällt es schwer, diese Gesetzmäßigkeiten des Lebens zu verstehen: Der Tod nimmt einen jungen, gesunden Menschen, während ein alter, von Schmerzen geplagter Mensch scheinbar nicht sterben kann.

Oftmals lassen Eltern nach dem Tod des Kindes sein Zimmer über Jahre unberührt und hoffen, dass sie eines Tages aus einem bösen Traum erwachen und das Kind wieder da ist. Eltern, die den Tod ihres Kindes nicht verarbeiten, verfallen in eine solch tiefe Trauer, dass sie den Rest ihres Lebens nicht mehr froh werden. All ihre Gedanken kreisen um das verstorbene Kind. Für Geschwister, die mit diesen Eltern weiterhin zusammenleben, kann dadurch eine unerträgliche Situation entstehen, denn die Eltern bemerken oft gar nicht, dass sie auch noch andere Kinder haben, die sich nach Liebe und Aufmerksamkeit sehnen.

Wie hinderlich dieses Festhalten seitens der lebenden Eltern für ein verstorbenes Kind sein kann, erzählt die Geschichte über die alte Frau und ihre Tränen:

Die Söhne im Eis

Es gab eine alte Frau, die weinte bitterlich um ihre verstorbenen Söhne. Die Tränen, die sie vergaß, gefroren im Reich der Toten zu Eis. Sie weinte viele Monde lang, und eines Tages machte sie sich zur Himmelsebene auf, um dort nach ihren verstorbenen Söhnen zu suchen. Es dauerte nicht lange, da fand sie beide, eingefroren in den Eisblock ihrer Tränen. »Endlich habe ich euch gefunden«, wehklagte die Mutter.

»Aber schau doch nur. Uns geht es schlecht. Du weinst und trauerst so unbeherrscht und schon so lange über uns«, klagten die Söhne. »Deine Tränen bringen uns Leid, und wir können nicht ins Reich der Toten weitergehen.« Und die Mutter sah jetzt erst, dass ihre Söhne bis zu den Knien im Eis standen. Sie zitterten vor Kälte und konnten sich nicht von

der Stelle rühren. Die alte Frau half ihren Söhnen, sich aus dem Eis zu befreien, um ins Reich der Toten zu gelangen. Sie selbst kehrte in ihr Dorf zurück, um den anderen zu erzählen, wie wichtig es ist, den Verstorbenen nicht zu lange nachzutrauern.

Diese Geschichte ließe sich natürlich auch mit einem erwachsenen Verstorbenen erzählen. Denn ganz gleich, ob ein junger Mensch aus unserem Leben scheidet oder ein alter Mensch, wir müssen lernen, den Verlust eines Menschen zu akzeptieren und ihn loslassen, um selbst weiterzuleben. Das Leben konfrontiert uns nicht umsonst mit einer solchen Situation, denn dieser Verlust stellt für uns auch eine Lektion dar, das Loslassen zu üben. Statt einem verstorbenen Menschen unser ganzes Leben nachzutrauern, sollten wir lernen, noch zu Lebzeiten die Zeit mit ihnen als kostbares Geschenk anzusehen, sie so gut wie möglich zu nutzen und die Bereitschaft zu entwickeln, sie jederzeit wieder gehen zu lassen. Wenn wir in der Lage sind, Menschen so anzunehmen und mit ihnen zusammen zu sein, dann haben wir ein Stadium der bedingungslosen Liebe erreicht, in dem wir frei von Eifersucht und Besitzansprüchen sind.

Es gibt auch Menschen, die glauben, dass ein anderer insbesondere durch eine intime, sexuelle Beziehung zu ihrem Eigentum wird. Diese Verwechslung wird dann für beide Beteiligte zu einem Gefängnis und der anfänglich erlebte siebte Himmel zu einer Hölle auf Erden. Schnell werden die Gefühle der Leichtigkeit und Liebe durch Verlustängste ersetzt und es entsteht ein unheilvoller Zwang: Plötzlich beginnen wir, den geliebten Menschen festzuhalten wie einen Gefangenen, weil wir ihn nicht verlieren wollen, verlieren ihn aber dadurch nur noch schneller. Wir werden unfrei, weil wir Angst haben, diesen Menschen, mit dem wir so viel Schönes erlebt haben, wieder loslassen zu müssen – und sind dadurch Gefangener unserer eigenen Angst. Wenn wir jedoch lernen, zu erkennen, dass wir keinen Menschen wirklich besitzen, sondern nur die Zeit mit ihm teilen, wird es gelingen, ihn wesentlich mehr zu respektieren, ihn als ein Geschenk zu sehen und als ein solches zu behandeln.

Wie die Geschichte vom alten Mönch, der den Buttertee so sehr liebte, zeigt, ist es für einen Sterbenden natürlich ebenfalls sehr schwer, die Vorlieben und das Leben loszulassen. Ist er dann in der Stunde seines Todes noch von Menschen umgeben, die ihn ebenfalls nicht gehen lassen wollen, wird das Sterben umso schwerer. Gelingt es uns jedoch nicht sofort, einen Menschen, den wir sehr lieben, während des Sterbeprozesses loszulassen, dann sollten wir wenigstens darauf achten, ihn nach seinem Tod gehen zu lassen. Denn so lange wir eine verstorbene Seele nicht wirklich gehen lassen, wird es für den Toten nicht möglich sein, seine Reise weiter fortzusetzen.

Mit dem folgenden kleinen Experiment können Sie herausfinden, wie sehr Sie an einem anderen Menschen hängen und warum Sie meinen, ihn nicht loslassen zu können.

- ❐ Stellen Sie sich vor, Sie müssten den Menschen, den Sie am meisten lieben, jetzt gehen lassen. Was genau ist es, was Ihnen bei dieser Vorstellung am meisten Angst bereitet?
- ❐ Was könnten Sie tun, um diese Angst zu bewältigen?
- ❐ Stellen Sie sich vor, Sie würden Ihren Mann/Ihre Frau durch einen Unfall verlieren. Wovor hätten Sie am meisten Angst?
- ❐ Wie könnten Sie diese Angst möglicherweise überwältigen?

Oftmals ist es nicht nur die Liebe, die wir für den anderen empfinden, sondern manchmal trägt ein Lebenspartner auch viel Verantwortung für uns mit. Viele Frauen wissen zum Beispiel überhaupt nicht über die finanziellen Verhältnisse ihres Ehemannes Bescheid bzw. überlassen ihm die ganze Verantwortung. Dass sie damit auch ihre Eigenverantwortung abgeben, ist ihnen nicht bewusst.

Wenn Ihnen durch die Übung bewusst wird, dass Sie Angst haben, bestimmte Dinge ohne den Partner/die Partnerin nicht bewältigen zu können, dann wäre jetzt eine gute Gelegenheit, um sich mit dem anderen zusammenzusetzen und all Ihre Ängste und Sorgen zu besprechen. Je eher wir Verantwortung für unser eigenes Handeln und Denken übernehmen, desto bewusster können wir leben, dem eigenen Leben und dem eigenen Tod sowie dem Leben und Tod der anderen viel bewusster in die Augen sehen.

Die meisten fürchten sich davor, über den Tod zu sprechen, denn zu sehr spukt der Aberglaube in den Köpfen vieler Menschen, dass der Teufel an die Wand gemalt wird, wenn man Dinge beim Namen nennt. Aus diesem Grund werden Themen, die um den Tod kreisen, lieber vermieden. Und aus demselben Grund vermeiden es viele auch, ein Testament zu machen. Diese unbegründete Angst konfrontiert die Zurückgebliebenen dann oft mit schwierigen Situationen. Macht man sich hingegen die Vergänglichkeit bewusst, schafft man zum einen ein größeres Bewusstsein für das eigene Leben und zum anderen auch eine neue Vertrauensbasis zu seinen Mitmenschen, weil nun gemeinsam nach Lösungen und Wegen gesucht werden kann.

Das Loslassen üben

Spring!

Joseph Campbell

Auch im Buddhismus sieht man im Loslassen nicht nur eine gute Vorbereitung auf das eigene Sterben, sondern es auch als die einzige Möglichkeit, die vollkommene Erleuchtung zu erlangen. Erst wer frei von allen Anhaftungen ist, wird aus dem Kreislauf der Wiedergeburten befreit und kann ins Nirwana eingehen. Dieses Loslassen und die damit einhergehende Vorbereitung auf den eigenen Tod und den Tod anderer Menschen gelingt durch die regelmäßige Praxis der Meditation und der Achtsamkeit. In dem Moment, in dem wir unseren Geist zur Ruhe bringen und uns nicht mehr mit all unseren Gefühlen, Gedanken und Wünschen oder Abneigungen identifizieren, wird es möglich, zu erkennen, wie sehr wir an Meinungen, Vorlieben, Abneigungen, Dingen oder Menschen anhaften. Und erst durch lange Meditations- und Achtsamkeitspraxis gelingt es, sich von bestimmten Vorstellungen zu befreien, die wir uns von uns selbst, von anderen Menschen und dem Leben an sich machen.

Leider gibt es kaum einen Lebensaspekt, von dem wir nicht eine bestimmte Vorstellung haben: Wir haben eine Vorstellung vom Verlauf unseres Lebens, eine Vorstellung von unseren Liebesbeziehungen, unserer zukünftigen Familie und unserem Beruf und wollen sie nicht loslassen. Befinden wir uns in Lebensumständen, die diesen Vorstellungen allerdings überhaupt nicht entsprechen, machen wir uns manchmal etwas vor und reden uns ein, dass dies genau das Leben ist, welches wir gerne führen möchten.

Vielleicht arbeiten wir in einer Firma und haben dort ein hohes Ansehen, sind aber mit dem Inhalt der Arbeit unzufrieden, weil wir eigentlich ein ganz anderes Naturell besitzen. Aber vielleicht halten wir an der Vorstellung fest, dass man froh sein kann, überhaupt einen solchen Posten zu haben, oder weil eine solche Anstellung der Familientradition entspricht, die tunlichst nicht gebrochen werden sollte.

Statt den eigenen Wünschen und Interessen zu folgen, bleiben wir also in einer bestimmten Struktur und scheuen uns davor, die Auseinandersetzung mit uns selbst zu suchen, weil wir intuitiv wissen, dass wir dann wirklich einiges verändern müssten. Wir haben Angst davor, dass die Scheinwelt, die wir uns in unserem Kopf aufgebaut haben, zusammenbricht. Stattdessen leben wir mehr oder weniger scheintot vor uns hin, wir funktionieren. Aber die innere Stimme sagt schon seit langem, dass an der Situation, in der wir uns befinden, etwas nicht in Ordnung ist. Doch aus Angst vor der Eigenverantwortung für die Veränderung, die sich daraus ergeben würde, hören wir besser nicht auf diese Stimme und verdrängen sie so lange, bis wir irgendwann mit der Nase darauf gestoßen werden und das Leben uns vielleicht durch eine Krankheit oder einen anderen Umstand dazu zwingt, von diesen alten Vorstellungen loszulassen.

Loslassen lässt sich besonders gut »üben«, indem wir uns mit kleinen Vorlieben oder Süchten beschäftigen. Mit dem folgenden Experiment kommen Sie diesem Loslassen ein wenig näher und können sich an der befreienden Wirkung erfreuen.

❒ Machen Sie sich eine Liste von Ihren fünf größten Lastern und Vorlieben, die Ihnen zwar momentweise das Leben versüßen, Ihnen aber eigentlich nicht wirklich gut tun, wie zum Beispiel Kaffee, Alkohol oder Zigaretten.
❒ Was ist es, was Ihnen dabei am schwersten fällt, loszulassen?
❒ Könnten Sie sich vorstellen, ohne eines dieser Laster über einen kürzeren oder längeren Zeitraum zu leben?
❒ Sind Sie bereit, es loszulassen, auch wenn es Ihnen schwer fällt, für sich selbst und Ihr Leben mehr Selbstverantwortung zu übernehmen?
❒ Wenn Sie sich nicht vorstellen können, ganz auf Ihr Laster zu verzichten, dann versuchen Sie, das Loslassen etappenweise zu üben: Probieren Sie einmal, das Laster erst für einen Tag, dann für eine Woche, dann für einen Monat und dann für ein Jahr loszulassen. Stellen Sie sich dabei vor, dass diese Übung eine Sterbeübung im Kleinen ist.

Nehmen Sie sich nun die Zeit, mit dem Experiment zu starten und warten Sie ab, wohin es Sie führt. Nach Ablauf des von Ihnen durchlebten Zeitraums kehren Sie noch einmal zu diesen Seiten zurück und stellen sich den beiden abschließenden Fragen:

- ❒ Wie fühlt es sich jetzt, nach 1 Tag, 1 Woche, 1 Monat oder sogar nach 1 Jahr an, nachdem Sie dieses Etwas losgelassen haben?
- ❒ Können Sie sich vorstellen, noch etwas anderes loszulassen? Auch beispielsweise eine Meinung?

Sei bereit

Die Sprache ist der Weg,
auf dem wir den Sinn unseres Lebens und
unseres Sterbens erkennen
und ausdrücken.
Auch wenn es nur ein Versuch dessen ist,
in Worte zu kleiden,
was wir im tiefsten Innern wissen.

Anonym

Ein wichtiger Schritt auf dem Weg zum bewussten Leben und zum bewussten Sterben ist, sich dessen gewahr zu sein, dass der Tod einen Menschen jeden Moment zu sich holen kann.

Setzen Sie sich mit folgenden Fragen auseinander. Nehmen Sie sich genügend Zeit, um die Fragen der Reihe nach in Ruhe beantworten zu können. Wenn Sie möchten, schließen Sie zwischendurch die Augen, um über die jeweilige Frage zu meditieren. Seien Sie achtsam mit sich, spüren Sie nach innen und nehmen Sie alle Bilder und Gedanken so an, wie sie sind.

Stellen Sie sich vor, Sie hätten nur noch **1 Jahr** zu leben.

- ❐ Was ist es, was Ihnen bei diesem Gedanken am meisten Angst macht?
- ❐ Was genau erzeugt diese Angst?

- ❒ Was können Sie in Ihrem Alltag tun, um diese Angst zu überwinden?
- ❒ Was würden Sie in der Ihnen verbleibenden Zeit gerne noch tun?
- ❒ Was hindert Sie daran, es zu tun?
- ❒ Sollte es Ihnen nicht möglich sein, sich diesen Wunsch vollkommen zu erfüllen – ist es möglich, sich ihn in Teilen zu erfüllen?
- ❒ Gibt es noch Dinge, die zu erledigen sind?
- ❒ Steht es noch aus, Ihr Testament zu schreiben? Was genau hält Sie davon ab, es zu schreiben? Schreiben Sie es jetzt!
- ❒ Haben Sie sich überlegt, ob Sie lieber beerdigt werden wollen oder eine Verbrennung vorziehen? Schreiben Sie nieder, wie Sie sich Ihre Beerdigung vorstellen. Berücksichtigen Sie dabei Ihre eigenen Wünsche und nicht die Ihrer Familie.
- ❒ Möchten Sie Ihre Organe spenden?
- ❒ Gibt es Menschen, mit denen Sie sich im Streit getrennt haben? Wäre es jetzt nicht eine gute Gelegenheit, den Streit zu beenden?

Lassen Sie sich zum Beantworten dieser Fragen 49 Tage Zeit. Meditieren Sie immer wieder mit ihnen und erledigen Sie, was Ihnen möglich erscheint.

Beim folgenden Experiment steht Ihnen noch weniger Lebenszeit zur Verfügung. Stellen Sie sich vor, Sie hätten noch **3 Monate** zu leben.

- ❒ Was würden Sie in dieser Zeitspanne noch alles erleben wollen?
- ❒ Gibt es Menschen, mit denen Sie noch eine Aussprache haben möchten?
- ❒ Gibt es Orte, die Sie immer schon sehen wollten, es sich aber für den Lebensabend aufheben wollten? Was hält Sie davon ab, diese Orte jetzt zu besuchen?
- ❒ Haben Sie Ihr Testament schon gemacht?
- ❒ Wissen Sie, wie und wo Sie beerdigt werden wollen?
- ❒ Gibt es Menschen, denen Sie noch für Ihre Begegnung mit Ihnen danken wollen? Worauf warten Sie noch?
- ❒ Gibt es Menschen, denen Sie etwas Positives sagen wollten, aber sich nicht wirklich getraut haben?

Im nächsten Experiment verkürzt sich der Zeitraum noch weiter. Stellen Sie sich vor, Sie hätten nur noch **1 Tag** zu leben.

Was würden Sie unbedingt noch erledigen wollen? Welchen Menschen hätten Sie gerne an Ihrer Seite?

Machen Sie sich all diese Punkte so deutlich wie möglich und schreiben Sie sie auf.

Dem eigenen Tod begegnen

Alle Wesen sind dem Tode unterworfen,
enden im Tode,
können dem Tode nicht entgehen.

Wie jedes irdene Gefäss,
gebildet von des Töpfers Hand,
ganz einerlei, ob klein, ob gross,
am Ende doch zerbrechen muss.

Genauso auch sind alle Wesen
dem Tode unterworfen,
enden im Tode,
können dem Tode nicht entgehen.[15]

Samyutta-Nikaya 3,22, nach Nyanatiloka

Eine weitere Möglichkeit, sich immer wieder auf den Tod vorzubereiten, stellt die folgende Fantasiereise dar, die Sie von Zeit zu Zeit wiederholen können. Auch bei dieser Meditation empfiehlt es sich wie bei der schon genannten *Body-Scan-Meditation*, sich den Text vorlesen zu lassen oder aber ihn selbst auf Band zu sprechen, damit er bei der Durchführung ungestörter verinnerlicht werden kann. Und auch hier wird die persönlichere Du-Form verwendet.

- ❐ Setze dich bequem mit aufrechtem Rücken hin, spüre die Füße am Boden und die Unterlage, auf der du sitzt.
- ❐ Nimm den Rücken, deine Schultern, die Hände wahr und deinen Kopf, der auf der Wirbelsäule sitzt und von ihr getragen wird.
- ❐ Gehe dann in Kontakt mit deinem Atem. Er ist immer da, auch wenn du ihn nicht beachtest. Nimm wahr, wie er ein- und ausströmt und wie sich dabei dein Brust- und Bauchraum hebt und senkt.
- ❐ Bei einem der nächsten Atemzüge atmest du durch den Mund so aus, als wolltest du eine Feder ganz sanft wegblasen ... bis die Lunge leer ist. Das Einatmen erfolgt von ganz allein. Wiederhole diesen Vorgang einige Male.
- ❐ Stell dir vor, du befindest dich in einer Landschaft, in der du dich wohl fühlst. Vielleicht spürst du auf deiner Haut den wärmenden Sonnenstrahl oder den Wind, der durch deine Haare streicht. Du gehst voran auf dem Weg und fühlst dich wohl.
- ❐ Dann nimmst du in der Ferne eine Gestalt wahr, die den Tod symbolisiert und die langsam auf dich zukommt.
- ❐ Gehe Schritt für Schritt weiter und wenn es dir schwer fällt, nimm einen tiefen Atemzug, während ihr langsam aufeinander zu geht.
- ❐ Wie fühlst du dich, wenn du langsam mit dieser Gestalt in Kontakt kommst?
- ❐ Du nimmst ihr Gesicht wahr und blickst direkt in ihr Gesicht. Kannst du die Augen erkennen?

- ❒ Schließlich steht ihr euch in einem geringen Abstand gegenüber.
- ❒ Du bleibst in Kontakt mit dem Tod und atmest dabei tief ein und aus.
- ❒ Wie fühlt es sich an, wenn du nun langsam deinen Kopf nach vorne sinken lässt, bis deine Stirn seine Brust berührt?
- ❒ Was ändert sich, wenn du sagst »Jetzt sehe ich dich und spüre dich«?
- ❒ Spüre die Wirkung dieses Satzes, und sprich dann die folgenden Sätze nach und lasse dir dafür die Zeit, die du brauchst.
  - »Du bist da und du gehörst zu mir.«
  - »Ich erkenne an, dass du zu mir gehörst wie das Leben.«
  - »Wenn es so weit ist, komme ich ganz zu dir.«
  - »Und jetzt wende ich mich noch eine Weile dem Leben zu, solange ich darf.«
- ❒ Lasse dann vor deinem inneren Auge eine Gestalt auftauchen, die das Leben symbolisiert.
- ❒ Stelle dir dieses Bild ganz genau vor, so genau, dass du in gutem Kontakt mit ihm bist.
- ❒ Schaue dieser Gestalt nun ebenfalls tief in die Augen und halte den Kontakt. Wer ist sie?
- ❒ Sieh nun beide - den Tod und das Leben.
- ❒ Wende dich jetzt ganz dem Leben zu und sage: »Ich bin gerne bei dir, solange ich darf.«
- ❒ »Wenn es so weit ist, lass ich dich los.«

❐ Lasse dann das Bild auf eine tiefere Ebene des Bewusstseins absinken, von wo aus es seine gute Wirkung entfalten kann.

❐ Komme nun zurück in die Gegenwart, ins Hier und Jetzt, nimm ein paar tiefe Atemzüge und öffne die Augen, wenn du dazu bereit bist.*

---

* Diese Übung hat mir Lisa Böhm, eine Münchner Heilpraktikerin, zur Verfügung gestellt, wofür ich ihr herzlich danke.

Sei auch dafür bereit, dass ein anderer gehen muss

Nun aber ist es Zeit,
dass wir unseres Weges gehen:
Ich, um zu sterben,
ihr, um zu leben.
Welches von beiden das Bessere ist,
das wissen nur die Götter.

Sokrates

Mit der Diagnose einer unheilbaren Krankheit bei einem geliebten Menschen oder einer Nachricht über einen Todesfall ändert sich das Leben grundsätzlich. Traurigerweise wird erst in solchen Momenten deutlich, dass die Zeit, die wir mit einem anderen Menschen verbringen können, nicht unbegrenzt ist. In jenem Moment, in dem wir eine solche Nachricht erhalten, scheint die Zeit stehen zu bleiben. Mit einem Mal erkennen wir, wie selbstverständlich wir mit Menschen zusammenleben, häufig ohne uns wirklich zu beachten und bewusst Zeit füreinander zu nehmen. Erst durch eine lebensbedrohende Krankheit spüren wir die Gefahr, dass wir einen Menschen bald verlieren könnten oder werden. Plötzlich wird uns klar, wie wichtig uns dieser Mensch ist und wie sehr er uns emotional unterstützt. Werden wir mit einer solchen Situation konfrontiert, kann die Zeit, die uns mit diesem Menschen noch bleibt, sehr intensiv werden. Das hängt zum einen von der Beziehung ab und zum anderen von der beiderseitigen Mentalität, mit der Situation umzugehen.

Besonders traurig wird es, wenn ein plötzlicher Tod einen Menschen aus dem Leben gerissen hat und man das Gefühl hat, dass Aussprachen, Gespräche oder andere Dinge noch ungeklärt waren. Diese Momente gehören mit zu den schmerzvollsten und nachhaltigsten in einem Trauerprozess. Wie oft merken wir dann, wie wichtig es doch ist, bewusst zu leben!!! Aber wer von uns beherzigt dies schon im Alltag mit all seinen Terminen und Verpflichtungen?

Um nicht mit diesem Gefühl der Leere und des Unausgesprochenen hilflos zurückzubleiben, ist es so wichtig, einem anderen Menschen immer ehrlich gegenüber zu sein. Hilfreich ist dabei der Gedanke, dass jede Begegnung die letzte sein könnte. Mit einer solchen Einstellung kann man die Begegnungen viel bewusster erleben und das, was einen stört - aber auch das, was man schätzt - direkt aussprechen. Sollten Sie manches nicht direkt äußern können oder wollen, dann schreiben Sie es einfach auf und senden es an die entsprechende Person oder begeben Sie sich zumindest in eine Zwiesprache mit ihr.

Es fällt uns meist schwer, offen mit Kritik umzugehen. Oftmals entsteht ein Streit, wenn man einem Menschen Dinge sagen will, wie verletzend dies oder jenes war oder wie sehr man sich von ihm unverstanden fühlt. Auch der andere reagiert nun aus seiner Verletzlichkeit heraus, blockt möglicherweise ab oder verteidigt sich. Es ist nicht immer leicht, eine für beide Seiten aufrichtige Kommunikationsebene zu finden, denn so manches wird unter den Teppich gekehrt.

Die folgende Übung eignet sich gut, um einmal für sich selbst herauszufinden, was man sich nicht getraut hat auszusprechen. Oft sind wir einem anderen Menschen auch verbal unterlegen und vermeiden deshalb eine offene Aussprache.

❒ Stellen Sie sich vor, Sie hätten jetzt die letzte Chance einer persönlichen Aussprache mit einem Menschen, der Ihnen viel bedeutet. Stellen Sie sich vor, was Sie ihm sagen, ohne dass es bewertet wird und Sie sich nicht rechtfertigen müssen.
❒ Gibt es etwas, was Sie sich in Bezug auf den anderen nie getraut haben, ihm mitzuteilen?
❒ Was genau hat Sie davon abgehalten?
❒ Was genau wollen Sie dem anderen über sich selbst erzählen?
❒ Was genau war es, was es Ihnen bisher so schwer machte, darüber zu sprechen?
❒ Wie fühlt es sich an, endlich darüber gesprochen zu haben?
❒ Was genau daran gibt Ihnen das gute oder das schlechte Gefühl?
❒ Versuchen Sie all das, wie oben genannt, dem anderen entweder in Form eines Zwiegespräches oder in einem Brief mitzuteilen.

Diese Übung kann sehr befreiend sein. Sie hilft uns, uns für das Hier und Jetzt zu öffnen, weil wir dann nicht permanent damit beschäftigt sind, innere Dialoge zu vollziehen. Je eher wir das, was uns belastet oder auch erfreut, aussprechen, desto eher sind wir wieder frei für den gegenwärtigen Moment. Und für den Fall, dass jemand plötzlich stirbt, haben wir uns mit weniger Selbstvorwürfen zu quälen, etwas Wichtiges nicht ausgesprochen zu haben. Wie oft verpassen wir die Chance, etwas ein letztes Mal zu tun.

Wer stirbt?

NUR DER DENKENDE GEIST WIRD GEBOREN,
SIE NICHT.

NISARGADATTA MAHARAJ

Wenn wir die in diesem Buch geschilderten Meditationen, Experimente und Übungen öfter praktizieren, kann die Angst vor der eigenen Sterblichkeit und die der anderen mehr und mehr abnehmen. Wir können lernen, den Tod als Teil des Lebens zu akzeptieren und dem vertrauen, was kommen mag. Aber was genau gilt es, im Moment des Todes loszulassen? Oder anders ausgedrückt: Wer stirbt?

Während die westliche, traditionelle Schulmedizin davon ausgeht, dass unsere ganze Existenz mit dem letzten Herzschlag stirbt, haben sich zum Beispiel die Buddhisten auf eine ganz andere Weise mit dem Prozess des Sterbens und der Wiedergeburt auseinander gesetzt. Für sie besteht der Körper aus den vier Elementen – Erde, Wasser, Feuer und Luft. Das Fleisch, die Knochen und die Nerven bilden das Erdelement. Alle Flüssigkeiten in unserem Körper sind das Wasserelement. Die Hitze, die solche Prozesse wie die Verdauung unterstützt, ist das Feuerelement. Atmung und Kreislauf sind das Luftelement. Solange diese vier Elemente im Gleichgewicht sind und wir keine Beschwerden und

Schmerzen haben, geht es uns körperlich gut. Wenn sie allerdings aus dem Gleichgewicht geraten und ein Element schwächer wird als ein anderes, beginnen wir, uns unwohl und krank zu fühlen und empfinden in unserem physischen Körper Schmerzen.

Wenn wir sterben, dann löst sich nach buddhistischem Glauben ein Element nach dem anderen auf, egal ob wir es bewusst loslassen oder nicht. Das kann sich natürlich manchmal über Wochen oder Monate hinziehen. Wenn das Erdelement geht, tritt das Wasserelement besonders stark hervor und es kann passieren, dass Menschen, die sich in diesem Sterbeprozess befinden, glauben, Wasser zu sehen, auch wenn sich kein Wasser in ihrer Nähe befindet. Manche Menschen haben zum Beispiel das Gefühl, von Wasser umgeben zu sein. Eine Sterbende beschwerte sich beispielsweise immer wieder bei ihrer Enkelin, dass Wasser in ihr Zimmer eindringe und überall sei, obwohl dies real nicht der Fall ist.

Löst sich das Wasserelement ab, dominiert das Feuerelement, und der Sterbende glaubt, Rauch zu sehen. Er hat das Gefühl, als sei die Luft um ihn herum von Rauch erfüllt. So beschwerte sich ein Sterbender zum Beispiel bei einem Arzt darüber, dass der ganze Raum voller Rauch sei, so, als hätten viele Menschen darin geraucht oder Räucherwerk abgebrannt. Löst sich dann auch das Feuerelement auf, wird der Rauch von Funken abgelöst und der Sterbende hat das Gefühl, es wäre Feuerglut in die Luft geschleudert worden. Nachdem diese Elemente verschwunden sind, ist nur noch das Luftelement vorhanden. Wenn auch dieses Element verschwindet, dann sieht man so etwas wie den Widerschein von Kerzenlicht, so, als brenne ein Kerzenlicht in der Dunkelheit.

Auf der körperlichen Ebene wirkt sich das Verschwinden der Elemente so aus, dass man sich beim Verlust des Erdelements nicht mehr bewegen kann, beim Verlust des Wasserelements trockene Lippen hat und beim Verlust des Feuerelements die Körperwärme verliert. Verschwindet schließlich das Luftelement, hört man auf zu atmen und das Herz hört auf zu schlagen.

Nach dieser äußeren Auflösung beginnt auch das innere System mit der Auflösung. Obwohl der physische Körper bereits gestorben ist, ist das Bewusstsein noch vorhanden, weil die innere Ablösung noch nicht eingetreten ist. Der unzerstörbare Tropfen, die subtile Essenz, die wir im Moment der Empfängnis von unseren Eltern erhalten haben, beginnt sich nun abzutrennen. Löst sich die subtile Essenz des Vaters ab, nimmt der Sterbende einen Schimmer wahr, der wie weißes Mondlicht aussieht. Das Weiß wird dann abgelöst von einem rötlichen Nebel. Dies ist ein Zeichen dafür, dass sich auch die subtile Essenz der Mutter abgetrennt hat. Dann fällt der Sterbende in die Dunkelheit.

Das Eintreten der Dunkelheit kann als ein Schock erlebt werden, weil wir zuerst unsere äußeren Fähigkeiten verloren haben, dann unsere inneren Fähigkeiten und dann sogar den unzerstörbaren Tropfen. Dieser Schock kann vom Sterbenden so erlebt werden, als würde er sein Bewusstsein verlieren. Das Gefühl, zu ersticken kann entstehen und man hat das Gefühl, aus seinem Körper herauskommen zu wollen. Diese Erfahrung kann sehr schnell vorübergehen, aber auch eine ganze Zeit lang andauern.

Während dieser Phase kann man ganz deutlich sehen, dass der Mensch noch im Körper ist, auch wenn das Herz schon aufgehört hat zu schlagen und die Atmung bereits still steht. Die Haut hat noch ihren normalen Glanz und auch ansonsten ist noch kein Zeichen des Verfalls zu sehen. Aber sobald das Bewusstsein den physischen Körper verlassen hat, wird die Haut plötzlich grau und die Gesichtszüge fallen um die Schläfen, die Augen und die Wangen herum ein. Es kann auch zum Ausfluss aus der Nase und zu anderen Sekretionen kommen.

Die Buddhisten beschreiben die Zeit des Todes als eine sehr schwierige Zeit, da wir uns auflösen und uns aus all unseren Sinnen, den Fingern, Händen, Armen und Gliedmaßen zurückziehen. Wir ziehen uns zurück zu unserem tiefsten Punkt – der erwähnten subtilen Essenz, das heißt von dem Samen, der uns einst in die irdische Existenz brachte. Das hat zur Folge, dass unsere Sensibilität extrem stark wird. Während wir uns aus unserem physischen Körper zurückziehen, nimmt die mentale Sensibilität tausendfach zu, wodurch auch das Leiden enorm stark werden kann. Es kann sich so anfühlen, als wenn man unter einem Erdrutsch begraben ist oder ertrinken würde. Das Bewusstsein bleibt präsent, aber es ist so subtil, dass selbst emotionale Gewohnheiten für den Verstorbenen in dieser Zeit nicht mehr fassbar sind. Aber selbst wenn diese Gewohnheiten während des Todes latent werden, bestimmen sie den Kurs des Sterbenden und somit seine nächste Wiedergeburt.

Was reist weiter?

DAS FRÜHERE BEWUSSTSEIN STIRBT,
DAS SPÄTERE ENTSTEHT DARAUF.
KEIN ZWISCHEN GIBT ES ZWISCHEN BEIDEN,
UND KEINE LÜCKE TRENNEN SIE;
NICHTS KOMMT VON DORTEN HIER HERÜBER,
UND DOCH ENTSTEHT DIE GEBURT.[16]

VISUDDHI-MAGGA XIX

Sobald der Verstorbene vom physischen Körper getrennt ist, ist das, was wir als »Ich« bezeichnen, das Objekt, auf das wir uns zu Lebzeiten beziehen, nicht mehr da. Es wird vom Bewusstsein des Verstorbenen getrennt und wird zu einem toten Körper. Das Bewusstsein hat den Körper verlassen, weil er nicht mehr in Ordnung war. Und dann führt ein Zwischenzustand, der so genannte Bardo, zur nächsten Inkarnation. Der Bardo ist wie die Umsteigezone eines Flughafens oder ein Bahnhof, an dem wir einen Anschlusszug nehmen.

Aber was genau ist es, was den Anschlusszug nimmt, was weiterreist und in einem anderen Körper wiedergeboren wird? Die Buddhisten gehen davon aus, dass es sich dabei um einen sehr subtilen Geist handelt, eine Energie, die so subtil ist wie die Luft. Wir können diese Energie weder körperlich sehen, noch bekommen wir eine Gestalt oder ein Licht zu fassen, nicht einmal eine spürbare Energie. Man geht davon aus, dass diese Energie noch subtiler als Atome und Neutronen ist.

Die Buddhisten glauben daran, dass die Energie, die weiterreist, über positive und negative Identifizierungen hinausgeht. Sie sind davon überzeugt, dass der sterbende Geist neutral und viel zu subtil ist, um entweder tugendhaft oder nichttugendhaft zu sein. Das ist es, was den Körper verlässt – und früher oder später, im nächsten Leben, kehrt es den Prozess der Abtrennung um, zu dem es im Sterben kam. Es wirkt umgekehrt und das Bewusstsein beginnt eine neue Form, eine neue Wahrnehmung und schließlich eine neue Identität anzunehmen.

Das Karma oder das Handlungsmuster, das wir während des vorherigen Lebens erzeugt haben, wird zu einem Eindruck, der mit uns reist. Dieser Eindruck ist wie ein lebensgroßes Bild, das auf eine winzige Spur zusammenschrumpft. Diese Spur ist noch subtiler als die Erinnerung und dazu unsichtbar. Sie ist gespeichert und kommt wieder an die Oberfläche, wenn die richtigen Bedingungen herrschen.

Während des Bardos nimmt ein Mensch die Erscheinung an, die er als Erwachsener im nächsten Leben haben wird. Aber zu dieser Zeit hat er noch keinen physischen Körper. Die Wesen im Bardo können einander sehen, aber für uns sind sie unsichtbar, da wir einen physischen Körper haben. Es ist, als sei ein unsichtbarer Vorhang dazwischen.

Im Bardo sind wir mit unserer Bewegungsfreiheit nicht mehr so eingeschränkt. Mit unserem Geistkörper gehen wir während dieser Zeit dorthin, wo unsere Gedanken uns hinführen und dies kann eine sehr wilde

Angelegenheit werden. Manchmal kann es sogar passieren, dass die *Bardowas*, die Menschen im Bardo, nicht gemerkt haben, dass sie gestorben sind. Sie hören ihre Freunde und Angehörigen weinen und klagen und möchten sie trösten und fragen, warum sie so sehr weinen. Da sie keine Antwort erhalten, können sie sogar ärgerlich werden. Oder es kann passieren, dass sie ihren gewohnten Platz am Esstisch einnehmen möchten, dieser aber von jemand anderem besetzt worden ist. Der Bardowa ist äußerst sensibel und das Leben im Bardo sehr unstabil. Nach dem Glauben der Buddhisten kann jede dieser kleinen Verärgerungen den Bardowa umbringen und ihn in ein neues Leben im Bardo hineinkatapultieren.

Wie lange ein Mensch im Bardo verweilt, ist ganz unterschiedlich. Manche haben ein sehr kurzes Bardo, andere durchlaufen ein Bardo siebenmal. Die maximale Lebensspanne eines Bardowa beträgt sieben Tage. Jeder Tod im Bardo wird ein kleiner Tod genannt. Die längste Zeit, die eine Person im Bardo bleiben kann, beträgt 49 Tage. Danach nimmt ein Bardowa eine Wiedergeburt an.

Dies ist eine mögliche Form des Todes. Der buddhistischen Überlieferung nach gibt es noch zwei weitere Arten, die aus einem positiven Karma oder positiven Handlungen resultieren. Bei einer dieser Formen wird man nach dem Tod von wundervollen Wesen begrüßt, die einem den Weg in ein Reines Land weisen. Bei der anderen Form mag da zwar niemand sein, der uns begrüßt, aber wir fühlen uns wie ein Kind, das nach Hause zurückkehrt.

Wie bereits geschildert, hängt es ganz allein von unserem eigenen Verhalten ab, ob wir eine gute Wiedergeburt erlangen oder eine schlechte. Es sind ganz allein unsere Gewohnheiten, sich dem Zorn, der Habgier, der Eifersucht oder dem Neid und anderen Anhaftungen hinzugeben. Es geht also darum, dass wir durch ein bewusstes Leben im Hier und Jetzt mit unseren negativen Gefühlen umgehen lernen, um so die Anhäufung von neuem, negativem Karma zu verhindern. Wenn uns dies gelingt, dann wird jede Handlung, jede Erledigung und jede Anstrengung und unsere gesamte tägliche Arbeit zu etwas Positivem und wir werden kein neues Karma schaffen. Und wenn wir darüber hinaus durch bestimmte Praktiken altes Karma reinigen, werden wir auch dessen Konsequenzen nicht weiter erleiden müssen. Es ist etwas, auf das wir bewusst Einfluss nehmen können und das sich auch dementsprechend auf unser Leben auswirken wird.

Um mit negativen Gefühlen umgehen zu können, müssen wir aber, wie gesagt, erst einmal lernen, sie in unserem Bewusstsein zuzulassen. Viele Menschen, die sich mit Spiritualität beschäftigen, haben allerdings Angst vor negativen Gefühlen, weil sie glauben, dass man als spiritueller Mensch keine negativen Gefühle haben darf, sondern dass nur die positiven Gedanken zählen. Dieser Glaube ist meines Erachtens ein Fehlglaube und wird von vielen Menschen falsch verstanden. Im Grunde sind Aggressionen und Wut genauso natürliche und positive Energien wie Freude. Nur wenn wir sie unterdrücken oder sie überhand nehmen, können Sie Schaden anrichten.

Nehmen wir sie allerdings wahr, ohne uns damit zu identifizieren, dann können wir lernen, damit umzugehen und werden erkennen, wann Gefühle wie Wut und Aggressionen uns überrollen. Durch verschiedene Meditationen oder Achtsamkeitsübungen können wir lernen, uns nicht immer direkt von den Gefühlen einnehmen zu lassen, sondern mit einem Teil in uns in Kontakt zu kommen, der unbeteiligt davon ist und die Position des Beobachters einnimmt. Dies funktioniert natürlich nicht von heute auf morgen, aber je länger wir in die Stille gehen, um uns selbst in der Stille und im Frieden zu begegnen, desto mehr werden wir mit diesem Teil in uns in Kontakt kommen, der unbeeindruckt von allen Emotionen und Gedanken, vom Leben und vom Sterben ist.

Nehmen Sie am besten direkt nach dem Aufwachen mit Ihrem Beobachter Kontakt auf und bitten Sie ihn, Sie daran zu erinnern, wenn Sie sich von negativen Emotionen oder Gedanken wegtragen lassen. Freuen Sie sich am Morgen darüber, dass Sie leben und fassen Sie für sich selbst den Entschluss, dass dieser Tag ein guter Tag sein wird, an dem Sie sich selbst und keinem anderen Menschen Schaden zufügen wollen. Beginnen Sie jeden Tag mit einem solchen heilbringenden Gedanken und versuchen Sie auch, den Tag mit einem solchen Gedanken zu beenden. Sollte es Ihnen jedoch nicht den ganzen Tag über gelungen sein, heilvolle Gedanken zu haben, dann können Sie am Abend vor dem Einschlafen jenen Menschen um Vergebung bitten, dem gegenüber Sie unheilvolle Gedanken gehegt haben.

Die Abnahme von negativen Gedanken lässt sich neben den heilvollen Gedanken auch durch die Rezitation von kleinen Gebeten oder Mantren erzielen. Das kraftvollste Mantra im gesamten Universum ist die heilige Silbe OM. Sie können dieses Mantra überall und immer rezitieren, sei es beim Gehen, beim Spülen oder beim Duschen. Es wird Sie auch darin unterstützen, sich selbst im gegenwärtigen Moment zu verankern, weil Sie durch die ständige Rezitation nicht so schnell von Ihren Gedanken weggetragen werden.

Sie können auch das Mantra OM MANI PADME HUM rezitieren. Es ist das Mantra des Buddhas des Großen Erbarmens. OM repräsentiert Körper, Rede und Geist. MANI repräsentiert die Methode, durch Liebe und Erbarmen anderen Menschen mit völliger Hingabe zu helfen. PADME steht für den Lotos, die Klarheit und das Verständnis der Weisheit. Das Mantra verbindet unsere Liebe und unser Erbarmen mit der Liebe und dem Erbarmen Buddhas, sodass auch die unsrige anwachsen mag, bis sie von der gleichen Stärke ist wie die Buddhas. HUM ist die Vereinigung von Weisheit und Methode.

Dieses Mantra eignet sich wundervoll für eine Gehmeditation. Bei jeder Silbe treten Sie von einem Fuß auf den anderen: OM – MA – NI – PAD – ME – HUM. Somit lernen Sie bewusst zu gehen und dabei äußerst heilvolle Worte zu sprechen.

Sie können aber auch JESUS rezitieren oder AMEN. Beim Einatmen nehmen Sie die Silbe JE oder AM und beim Ausatmen SUS oder EN.

Je mehr Sie die Rezitation solcher Mantren in Ihr Leben integrieren, desto häufiger werden sie Ihnen während des Lebens und auch während Ihres Sterbeprozesses ins Bewusstsein kommen. Von hoch entwickelten spirituellen Lehrern heißt es zum Beispiel, dass sie auch im Moment ihres Todes bewusst heilige Silben rezitiert haben. Als Mahatma Gandhi beim Gang durch einen Garten aus nächster Nähe erschossen wurde, starb er mit den Worten »RAM«, dem Namen eines großen Gottes auf den Lippen. Ram war für Gandhi eines der wichtigsten Worte in seinem Leben. Neem Karoli Baba, ein bekannter spiritueller Lehrer soll mit den Worten »Om Jai Jagdish Hare« (Ehre dem Einen, der die Welt bewegt) auf den Lippen gestorben sein. Von einem japanischen Zenmeister erwartete man der Tradition entsprechend ein Sterbegedicht. Er nahm einen Stift und schrieb: »Geburt ist das und Tod ist das. Vers oder kein Vers, macht das was?«

Tod, Trauer und Weiterleben

Memento

Vor meinem eignen Tod ist mir nicht bang,
Nur vor dem Tode derer, die mir nah sind.
Wie soll ich leben,
wenn sie nicht mehr da sind?

Allein im Nebel tast ich todentlang
Und lass mich willig in das Dunkel treiben.
Das Gehen schmerzt nicht halb so
wie das Bleiben.

Der weiss es wohl, dem gleiches widerfuhr;
– Und die es trugen, mögen mir vergeben.
Bedenkt: den eignen Tod, den stirbt man nur,
Doch mit dem Tod der andern
muss man leben.[17]

Mascha Kaléko

Die vielen Facetten des Weiterlebens

Ein Schüler kam zu einem Zenmeister und fragte ihn: »Meister, erzähle mir bitte etwas über das Leben nach dem Tod.«
Der Meister antwortete: »Das kann ich nicht, denn ich bin kein toter Zenmeister.«[18]

Wie das Leben nach dem Tod weitergehen wird, ist eine der grundlegendsten Fragen, die sich der Mensch überhaupt stellt. Je nach Kultur gibt es hier ganz unterschiedliche Auffassungen. Bei vielen Religionen richtet sich das Leben im Jenseits danach, wie sich der Mensch im Diesseits verhalten hat. Gute und schlechte Taten werden von dem jeweiligen Gott betrachtet und danach wird entschieden, ob den Toten entweder ein Leben im Himmel oder in der Hölle erwartet. Die Vergeltung der Sünden kann einen Menschen schon während des Lebens erreichen, aber oftmals lässt Gott die Tugendhaften im Unglück leben und enthält den Lasterhaften die verdiente Züchtigung vor, da Gottes Wege nicht die des Menschen sind. Nachdem die Seele vom Körper getrennt ist, erhält die Seele im Christentum Lohn für die geschaffenen Werke und die Gerechten gehen in das ewige Leben ein (Matth. 25,46) und sie werden Gott direkt erfahren: »Selig sind, die reinen Herzens sind, denn sie werden Gott schauen.« (Matth. 5,8)

Im Buddhismus glaubt man daran, wie bereits an anderer Stelle beschrieben, dass Gier, Hass und Unwissenheit die Auslöser für die menschliche Wiedergeburt sind. Ist der Mensch jedoch in der Lage, sich davon zu befreien, dann reißt die Kette der Wiedergeburten ab, denn von einem Menschen, der die Attribute Gier, Hass und Unwissenheit nicht mehr besitzt, gehen keine Impulse mehr aus, die zu einer Wiedergeburt führen könnten. Die Körperbestandteile des Erlösten finden keine neue Form mehr und der »Mensch«, von dem man dann nicht mehr als Mensch sprechen kann, verlischt mit unbekanntem Verbleib - wie der wegspringende Funke des Schmiedes:

DER FUNKE, DER VOM SCHMIEDEHAMMER SPRANG
UND, EBEN GLÜHEND NOCH,
ALLMÄHLICHER SCHWINDET:
WO IST ER JETZT? – GENAUSO UNERKENNBAR
SIND JENE AUCH, DIE KEINE LUST MEHR BINDET:
DIE VOLLERLÖSCHTEN, DIE DER FLUT ENTRONNEN
UND UNERSCHÜTTERLICHES GLÜCK GEWONNEN.[19]

Für die Toraja auf der Insel Sulawesi in Indonesien ist das Leben hier auf unserem Planeten Erde so etwas wie ein Traum. Sie empfinden es als eine Art Schattendasein. Für sie ist das Leben hier nicht mehr als ein Übergangsstadium in die Welt der Ahnen. Erst der Tod stellt für sie einen Höhepunkt dar. Und erst im Totenreich beginnt das tatsächliche Leben.

Bei den Prärie-Indianern im Norden Amerikas gehen viele Stämme davon aus, dass es sich beim Jenseits um eine weite Ebene mit üppigen und saftigen Grasweiden handelt. Dort reihen sich die grünwogenden Hügel aneinander und dehnen sich in ihren saftigen Farben endlos weit aus. Auch Büffel gibt es in diesem Reich genügend, sodass für alle gesorgt ist. Die Seelen von verstorbenen Übeltätern werden zwar nicht gepeinigt, aber auf eine triste, einsame Insel verbannt.[20] Die Tumbuka in Malawi gehen davon aus, dass ihre Ahnen nach dem Leben auf Erden in der Unterwelt weiterleben, und das gar nicht mal allzu schlecht: Die Verstorbenen bleiben ewig jung, genießen diesen Ort mit Freude, denn Streit ist in der Unterwelt unbekannt. Dort herrscht auch weder Unglück noch Hungerleiden, sondern Seelenfrieden.

Die hier aufgeführten Beispiele zeigen, wie unterschiedlich der Glaube an ein Leben nach dem Tod ist. Was wir aber genau erleben, wenn unser Herz aufgehört hat zu schlagen, das wird jeder Mensch für sich selbst erfahren, wenn er stirbt. Unsere Vorstellung von einem Leben nach dem Tod beeinflusst unsere Einstellung dem Leben gegenüber vehement und es wirkt sich auch im Umgang mit uns selbst, anderen Menschen und der Welt an sich aus.

Tod und Wiedergeburt

DENN ICH WURDE BEREITS EINMAL
KNABE, MÄDCHEN, PFLANZE,
VOGEL UND FLUTENTAUCHENDER,
STUMMER FISCH.

EMPEDOKLES

Ob ein Mensch an ein Leben nach dem Tod im Jenseits glaubt oder ob er davon ausgeht, wiedergeboren zu werden, hängt nicht selten davon ab, in welcher Kultur er aufgewachsen ist. Da sich in unserer Kultur in den letzten Jahrhunderten eher der Glaube an den Materialismus durchgesetzt hat und nur noch das »geglaubt« wird, was empirisch und wissenschaftlich bewiesen werden kann, wurde der Glaube an ein Weiterleben nach dem Tod oder sogar an Reinkarnation in unserer Gesellschaft verbannt. Für viele Menschen, besonders wissenschaftlich orientierte, beschränkt sich das Leben eines Menschen lediglich auf die Zeitspanne zwischen Zeugung und biologischem Tod. Diese Ansicht hat zum einen zur Folge, dass diejenigen, die daran glauben, sehr unbewusst bzw. verantwortungslos mit der Erde und ihren Ressourcen umgehen und natürlich auch ihr eigenes Handeln in einem viel begrenzteren Rahmen beurteilen, als es zum Beispiel Menschen aus Kulturen tun, die an eine Wiedergeburt glauben.

Vielen asiatischen Kulturen ist hingegen der Gedanke an Reinkarnation und Karma sehr vertraut und bildet den Eckstein ihrer Religionen, wie beispielsweise im Hinduismus, Buddhismus, Jainismus, Sikhismus, Zoroastrismus, im tibetischen Vajra-yana, japanischen Shintoismus und im chinesischen Daoismus. Aber auch bei anderen Kulturen wie in afrikanischen Stämmen, bei nordamerikanischen Indianern, polynesischen Kahunas, Anhängern brasilianischer Umganda-Religionen, Galliern und Druiden ist der Glaube an Reinkarnation verbreitet.[21]

Für Menschen, die diesen Religionen angehören, ist der Glaube an Reinkarnation kein Glaube, sondern eine empirische Angelegenheit, die auf bestimmten Erfahrungen und Beobachtungen basiert. Aber auch viele Forscher der Transpersonalen Psychologie, die sich mit dem Phänomen der Wiedergeburt beschäftigt haben, bestätigen die Lehre der Wiedergeburt. Ihnen ist es gelungen, die Erkenntnisse aus vielen therapeutischen Sitzungen zusammenzutragen, in denen Menschen sich kurz an frühere Leben erinnerten. Besonders beeindruckend sind hier spontane Erfahrungen früherer Leben bei Kindern. Aus der ganzen Welt werden Berichte geliefert, in denen kleine Kinder gelegentlich von ihrem früheren Leben in einem anderen Körper, in einer anderen Zeit, an einem anderen Ort, mit anderen Menschen berichten.

Erfahrungsgemäß können diese Erinnerungen den Kindern in ihrem derzeitigen Leben viele Probleme bereiten, da sie häufig mit »übertragenen Pathologien«[22] wie Phobien, ungewöhnlichen Eigenarten und seltsamen Reaktionen auf bestimmte Menschen, Orte und Situationen einhergehen. Diese Erfahrungen werden meistens im Alter von ungefähr drei Jahren wach und verschwinden nach und nach wieder zwischen dem fünften und dem achten Lebensjahr. Diese Kinder waren zum Beispiel in der Lage, detailliert Beschreibungen der Umgebung zu liefern, in der sie früher gelebt hatten.

Ian Stevenson, Professor für Psychologie an der University of Virginia in Charlottesville, der über dreitausend solcher Fälle eingehend untersucht hat, brachte einige Kinder sogar in das Dorf oder die Stadt, an das sie sich aus ihren früheren Leben erinnerten. Und obwohl sie in ihrem gegenwärtigen Leben niemals dort gewesen waren, kannten sie sich mit der Topographie des Ortes aus und konnten sogar das Haus finden, in dem sie angeblich gewohnt hatten. Sie erkannten auch die Mitglieder ihrer »Familie« und die Dorfbewohner wieder und wussten ihre Namen.[23]

Auch Erwachsene können sich an frühere Leben erinnern. Während Kinder einen unmittelbareren Zugang dazu haben als Erwachsene, lassen sich die Erinnerungen an frühere Leben bei Erwachsenen durch bewusstseinsverändernde Techniken fördern. Hierzu zählen Techniken wie zum Beispiel Meditation, Hypnose, die Einnahme psychedelischer Substanzen oder der Aufenthalt in einem Isoliertank. Sie können aber auch bei körperorientierten Therapien auftreten, zum Beispiel während Rebirthing-Sitzungen, beim holotropen Atmen oder in der Urschreitherapie. Ob und wann Erinnerungen an frühere Leben auftauchen, ist dabei völlig unabhängig vom kulturellen Hintergrund und der religiösen Weltanschauung der jeweiligen Person.

Auch im Alltag ist uns dieses Phänomen vertraut: Wir begegnen jemandem das erste Mal, haben aber das Gefühl, als würden wir ihn schon lange kennen. Hellsichtige Menschen bestätigen in solchen Situationen häufig, dass man mit jenem Menschen bereits in früheren Leben eine tiefe und wichtige Beziehung hatte.

Während viele Menschen zufällig mit Erfahrungen aus früheren Leben konfrontiert werden, pflegen Religionen wie der Buddhismus und hoch entwickelte spirituelle Persönlichkeiten dieser Religion einen sehr bewussten Umgang mit der Wiedergeburt. Im tibetischen Buddhismus entwickelte man sogar ein bestimmtes System, mit dem inkarnierte Lamas wiedererkannt werden, die zur Erde zurückkehren, um andere Menschen auf dem Weg zur Erleuchtung zu unterstützen. So sind für hoch entwickelte Lamas, wie den derzeitigen Dalai Lama, vergangene und zukünftige Leben so etwas Gewöhnliches wie Gestern und Morgen. Sie sprechen manchmal gemeinsam über künftige Leben, so als würden sie Pläne für den nächsten Tag machen. Eine der Methoden, um eine solche Reinkarnation wiederzuerkennen, basiert auf der Selbstidentifikation. Das bedeutet, dass eine solch hoch entwickelte spirituelle Wiedergeburt bereits in frühen Jahren seine Identität offenbart.

So heißt es zum Beispiel vom II. Dalai Lama, der im 16. Jahrhundert gelebt hat, dass er unmittelbar nach seiner Geburt seine Augen öffnete, sie in Richtung des Tashi Lunpo, des Klosters des I. Dalai Lama richtete und zu beten begann. Sobald er sprechen konnte, begann er, Mantras zu rezitieren, und als er etwa drei Jahre alt war und seine Mutter mit ihm schimpfte, sang er ein Lied mit dem Inhalt, dass er nicht bei ihr bleiben würde, sondern in ein Haus in Tashi Lunpo mit vielen Zimmern ziehen würde. Seine Mutter wurde daraufhin hellhörig und fragte ihn, woher er käme. Daraufhin erzählte er ihr, dass man ihn nach seinem Tod mit Seilen eingeschnürt habe, um ihn an einen Ort zu bringen, an dem Himmelsbestattungen[24] stattfänden. Dort habe er den sechsarmigen Schützer Mahakala mit seinen metallenen Schuhen getroffen und dieser habe ihn zu ihr gebracht. Er nannte seiner Mutter auch den Namen des Mannes, der seinen alten Körper zusammengeschnürt hatte und als er sieben Jahre alt war, erkannte er den alten Mann wieder, der im Kloster sein Aufwärter gewesen war. Er gab ihm den Segen von Zambala, dem Gott des Reichtums, woraufhin der Alte zu weinen begann.

Eine weitere Praxis, die häufig angewandt wird, um zu überprüfen, ob es sich bei einer Wiedergeburt wirklich um den erwarteten Lama handelt, besteht darin, ihm einige Gegenstände aus dem persönlichen Besitz seines Vorgängers zu zeigen. Durch diese Überprüfung wurde auch Seine Heiligkeit der XIV. Dalai Lama erkannt. Dem Kandidaten werden zum Beispiel die Brille des Vorgängers sowie zwei andere, ähnliche Brillenmodelle vorgelegt und er muss erkennen, welches ihm gehört hat.

Die Zeit der Geburt wird als ein weiterer Hinweis gesehen, denn es gibt Orakel, die diese Zeit vorhergesagt haben. Oder die Wiedergeburt zeichnet sich dadurch aus, dass zu diesem Zeitpunkt in der Umgebung übernatürliche Dinge geschehen und Zeichen gesehen werden, die von mehreren Menschen bestätigt werden. Ein Regenbogen über dem Haus der Eltern stellt zum Beispiel ein besonders bekanntes Zeichen dar. Prophetische Träume, in denen die Geburt angekündigt wird und die von mehreren Personen geträumt werden, zählen ebenfalls dazu.

Ursachen und Bedingungen für eine Wiedergeburt

MEHR TRÄNEN, IHR JÜNGER,
HABT IHR AUF DIESEM LANGEN WEG,
IMMER WIEDER ZU NEUER GEBURT UND
NEUEM TOD EILEND,
MIT UNERWÜNSCHTEM VEREINT,
VON ERWÜNSCHTEM GETRENNT,
KLAGEND UND WEINEND VERGOSSEN,
ALS WASSER IN DEN VIER GROSSEN MEEREN
ENTHALTEN IST.
LANGE ZEIT HINDURCH HABT IHR,
OH JÜNGER, DEN TOD DER MUTTER ERFAHREN,
LANGE ZEIT HINDURCH DEN TOD DES VATERS,
LANGE ZEIT HINDURCH DEN TOD DES SOHNES,
LANGE ZEIT HINDURCH DEN TOD DER TOCHTER,
LANGE ZEIT HINDURCH DEN TOD
DER GESCHWISTER,
LANGE ZEIT HINDURCH HABT IHR DEN VERLUST EU-
RER HABE ERLITTEN,
LANGE ZEIT HINDURCH WART IHR
VON KRANKHEIT BEDRÜCKT ...
UND SO HABT IHR, OH JÜNGER, DURCH LANGE ZEIT
LEID ERFAHREN,
QUAL ERFAHREN, UNGLÜCK ERFAHREN UND DAS
LEICHENFELD VERGRÖSSERT –

LANGE GENUG WAHRLICH, IHR JÜNGER, UM VON JEDER EXISTENZ UNBEFRIEDIGT ZU SEIN,
LANGE GENUG, UM SICH VON ALLEM SEIN ABZUWENDEN, LANGE GENUG,
UM SICH VON IHM ZU LÖSEN.[25]

SAMYUATTA-NIKAYA

Warum aber wird der eine Mensch als Lama in Tibet wiedergeboren und warum kommt ein anderer Mensch mit einer starken körperlichen oder geistigen Behinderung zur Welt? Wie schon erwähnt, verbindet der Buddhismus zum Beispiel den Glauben an die Wiedergeburt mit dem Gesetz des Karmas. Die hohen tibetischen Lamas betonen immer wieder, dass es unsere negativen Gefühle, insbesondere Zorn, Anhaften, Hass, Neid und Eifersucht sind, die uns im Kreislauf der Wiedergeburten gefangen halten. All diese negativen Gefühle führen zu negativen Handlungen und aus negativem Karma wiederum entstehen karmische Konsequenzen. Das heißt beispielsweise: Wenn wir auf einen Arbeitskollegen neidisch sind und ihn bewusst mobben, dabei vielleicht sogar noch lügen, dann wird sich dies vielleicht kurzfristig positiv auf uns auswirken, weil dieser Kollege entlassen wird und wir seine Position einnehmen, aber da sich unser Fehlverhalten auf unser eigenes »Karmakonto« auswirkt, werden wir spätestens in einem nächsten oder übernächsten Leben für eine solche unfaire Handlung zahlen müssen.

Da in unserer Gesellschaft aber viele Menschen davon überzeugt sind, dass wir nur dieses eine Leben hier auf Erden haben und sich negatives Verhalten nicht immer sofort abzeichnet, gehen viele so rücksichtslos mit ihren Mitmenschen und auch mit der Natur um. In dem Moment, in dem wir uns allerdings mit allen Menschen, allen Wesen und der Natur sowie dem Kosmos als verbunden, als eins erleben und Selbstverantwortung für unsere Gedanken und unsere Handlungen übernehmen, wird sich unser Verhalten automatisch ändern.

Der erste Schritt, um sich aus dem ewigen Kreislauf der Wiedergeburten zu befreien, besteht also darin, zu erkennen, dass wir selbst es sind, die Neid, Zorn, Wut, Eifersucht und Hass in uns tragen - und dass es nicht immer die anderen sind, die schuld an unseren Lebensumständen sind. In dem Moment, wo wir vollkommene Verantwortung für all unsere Gedanken und Handlungen übernehmen, werden wir automatisch auch wieder präsenter in der Gegenwart leben. Und erst dann werden wir wirklich bewusst leben und sterben können.

Wo immer wir hingehen werden, wenn wir sterben - ob in eine weitere Inkarnation, in eine Hölle oder einen Himmel -, wir werden es in der Stunde unseres Todes erfahren. Bis dahin ist es für uns an der Zeit zu leben - und zwar so bewusst und aufmerksam wie möglich. Bilanz wird gezogen nach unserem Tod, aber auch andere Menschen im Diesseits bezeugen dann, wie wir hier auf Erden gelebt haben, wovon die folgende Geschichte erzählt.

Der Beweinte und der Unbeweinte

Ein leichtes Mädchen beobachtete einst von ihrem Fenster aus zwei Leichenzüge und sagte zu ihrem Liebhaber: »Ich bin sicher, dass die Seele des ersten im Himmel ist und die Seele des zweiten in der Hölle.« Doch er erwiderte ihr: »Wie kannst du, ein leichtfertiges Mädchen, vorgeben, solche Dinge zu wissen, die nur ein Heiliger wissen kann!« Darauf erwiderte sie: »Ich weiß es aus der einfachen Tatsache, dass alle Leute, die dem ersten Sarg folgten, traurige Gesichter und Tränen in den Augen hatten, während diejenigen, die dem zweiten Sarg folgten, trockene Augen und fröhliche Gesichter hatten. Das beweist, dass der Erstere liebevoll war und die Zuneigung vieler gewinnen konnte, darum darf er sicherlich in den Himmel kommen. Der andere kann niemanden geliebt haben, denn niemand trauert über seinen Tod.«[26]

Tod und Trauer

DER SCHMERZ IST EIN HEILIGER ENGEL,
UND DURCH IHN SIND MENSCHEN GRÖSSER GEWORDEN
ALS DURCH ALLE FREUDEN DER WELT.

ADALBERT STIFTER

Ob wir wieder geboren werden oder nicht, wird jeder Mensch früher oder später selbst erfahren. Bis dahin wird uns das Leben aber wahrscheinlich noch die ein oder andere Möglichkeit geben, das Leben, das Lieben und das Loslassen zu üben. Denn selbst wenn wir oder Menschen, die uns nahe stehen, wieder geboren werden, so wird es auch immer Menschen geben, die zurückbleiben und um den Verstorbenen trauern - oder auch nicht.

Wenn wir das Loslassen nicht beizeiten geübt haben und Selbstverantwortung für uns und unser Handeln übernommen haben, kann uns besonders der Tod eines Ehepartners oder Lebensgefährten hart treffen. Denn erst dann wird uns bewusst, wie sehr wir unser Selbstwertgefühl und unser Lebensgefühl aus einem Partner beziehen. Manchmal bezeichnen wir unseren Partner als »bessere Hälfte« und sind uns nicht bewusst, dass wir es auch so empfinden. Ein Teil dieses Menschen scheint im Laufe der Zeit so untrennbar mit uns selbst verwoben zu sein, dass wir gar nicht bemerken, wie sehr dieser Teil das eigene Lebensgefühl und unsere Sicht auf das Leben mitbestimmt. Schließlich teilen wir normalerweise nicht nur ein Bett und einen Tisch mit diesem Partner, sondern auch die tiefsten Herzensangelegenheiten und oberflächlichsten Alltagsprobleme.

Natürlich ist es sehr schwer, den eigenen Tod oder den eines anderen Menschen zu akzeptieren und ihn loszulassen. Viele Menschen haben bei einer solchen Erfahrung das Gefühl, dass das Leben ihnen gegenüber besonders hart ist, dabei macht jeder Mensch früher oder später die Erfahrung, einen anderen Menschen zu verlieren. Dies zeigt die folgende Geschichte besonders deutlich.

Der Tod des Sohnes

Krishna Gotami stellte eines Tages fest, dass ihr neugeborener Sohn gestorben war. In ihrem Schmerz wickelte sie ihren toten Knaben in ein Tuch, trug ihn zu ihren Nachbarn und bat um eine Medizin, die ihren Sohn heilen sollte. Die Menschen in ihrer Nachbarschaft glaubten, dass sie den Verstand verloren hätte. So kam es, dass Krishna Gotami zu Buddha ging. Sie rief ihn an: »Herr, du bist für deine Wunder bekannt. Gib mir eine Medizin, sodass mein Junge wieder gesund wird!« Buddha antwortete daraufhin: »Ich werde dir helfen, dass dein Sohn wieder gesund wird. Aber dafür brauche ich eine Hand voll Senfkörner.« Die Mutter war erfreut zu hören, dass es wohl so wenig bedurfte, um ihr Kind zu heilen. Und sie versprach, die Körner zu besorgen. Buddha fügte seiner Forderung hinzu: »Du musst die Senfkörner aus ei-

nem Haushalt besorgen, in dem niemand gestorben ist. Kein Kind, kein Ehegatte, kein Elternteil. Jedes Senfkorn darf nur aus einem Haus stammen, in dem der Tod noch nicht eingekehrt ist.«

Krishna Gotami machte sich auf und ging von Haus zu Haus. Die Leute bemitleideten sie sehr und sprachen: »Hier haben wir ein Senfkorn – nimm es.« Aber wenn sie dann fragte, ob in diesem Haus schon ein Kind, ein Ehegatte oder ein Elternteil gestorben sei, bekam sie immer mit traurigem Ausdruck in den Gesichtern zur Antwort: »Ach, der Lebenden sind wenige und der Toten viele. Erinnere uns nicht an unser tiefstes Leid.« Krishna Gotami suchte im ganzen Dorf nach einem Haus, in dem der Tod noch nicht eingekehrt wäre, aber sie fand keines.

Als es dunkel wurde, setzte sich Krishna Gotami müde und verzweifelt an den Straßenrand und betrachtete die Lichter der Stadt. Sie flackerten auf und verlöschten wieder. Als es tiefe Nacht und das Dorf von der Dunkelheit umhüllt war, saß sie immer noch da und machte sich Gedanken über das ewig wandelnde Los der Menschen. In dieser Nacht erlangte sie Erleuchtung.

Als Buddha sie am nächsten Tag wiedersah, blieb ihm die Erkenntnis, die ihr während der letzten Nacht zuteil geworden war, nicht verborgen, und er sprach: »Das Leben der Sterblichen in dieser Welt ist sorgenvoll. Die Jahre, die der einzelne hat, sind gering an Zahl und mit viel Schmerz verbunden. Es gibt kein einziges Mittel, durch welches diejenigen, die geboren wurden, vor dem Tod behütet werden können.« Krishna Gotami hatte die Wahrheit seiner Worte in der Nacht selbst erfahren und somit konnte sie die Wirklichkeit ihres Schmerzes akzeptieren und begrub ihren Sohn im Wald.[27]

Durch einen Tod verlieren wir nicht nur einen Menschen, sondern der Verlust lehrt uns, dass alles vergänglich ist. Nur zu gerne schieben wir die Tatsache beiseite, dass der Tod existiert. Der Tod zeigt uns nämlich nicht nur, dass ein wichtiger Mensch plötzlich aus unserem Leben scheiden kann, sondern es ist auch ein unübersehbarer Hinweis darauf, dass wir selbst irgendwann einmal sterben werden. Wie ein böser Traum reißt uns diese Erfahrung aus dem gewohnten Gleis und zeigt uns, dass alles, was wir für selbstverständlich und für sicher halten, sich unserer Macht entzieht. Der Tod eines anderen Menschen kann nicht nur unser Selbstverständnis erschüttern, sondern auch unser Verständnis von der Welt – und zwingt uns zu einer grundlegenden Wandlung. Wir werden nicht nur gezwungen, wieder alleine zu leben, sondern auch zu erkennen, dass nichts von Dauer und Bestand ist.

Das Trauern neu erlernen

Der Trauerprozess
ist ein sehr schmerzhafter Prozess,
der eine eigentümliche Lebendigkeit hat,
der viel Kraft und Zeit kostet
und uns zwingt,
uns mit uns selbst und mit der Beziehung,
die abgebrochen worden ist,
auseinander zu setzen.
Doch er eröffnet uns auch die Möglichkeit,
neu mit uns selbst in Kontakt zu treten,
aus der Gewohnheit auszutreten
und vieles über unser Beziehungsverhalten
neu zu lernen.[28]

Verena Kast

Aber nicht nur der Betroffene selbst ist mit dem Verlust überfordert. Da unsere Gesellschaft nicht nur den Tod aus unserem Leben ausgeklammert hat, sondern auch das Trauern, ist eine solche Erfahrung von einem Gefühl der Einsamkeit und Unsicherheit begleitet. Wenn getrauert werden darf, dann beim Therapeuten oder hinter verschlossenen Wohnzimmertüren. Das rituelle Trauern, so wie es in vielen ethnischen Kulturen noch vollzogen wird, fehlt bei uns mehr oder weniger vollständig und lässt uns in diesem schmerzvollen Trauerprozess fast vollkommen allein. Somit wirkt sich der Verlust auch auf das soziale Umfeld des Betroffenen aus – und somit vollzieht sich auch hier ein Wandlungsprozess. Freunde, Bekannte und Arbeitskollegen reagieren anders auf den Trauernden, als es bislang der Fall war. Einige machen sich plötzlich rar, von anderen wird man nur noch mit Glacéhandschuhen angefasst. Einige Mitmenschen lösen das Problem dadurch, dass sie sich gänzlich von dem Trauernden fern halten, wodurch neben dem Gefühl des Verlustes auch noch das Gefühl entsteht, nicht dazuzugehören und nun erst recht einsam zu sein.

Die vier Phasen der Trauer

Ob wir unseren Partner durch den Tod verlieren oder ihn an einen anderen Menschen abgeben müssen – jede bewusst erlebte Trennung verläuft nach einem bestimmten Muster, den die Psychotherapeutin Verena Kast in vier Phasen gliedert. Die Dauer der jeweiligen Trauerphasen (insbesondere 2 bis 4) fällt individuell sehr unterschiedlich aus und hängt unter anderem von der Mentalität, Weltanschauung und den Lebensbedingungen bzw. dem sozialen Umfeld des Betreffenden ab:

1. Die Phase des Nicht-wahrhaben-Wollens
2. Die Phase der aufbrechenden Emotionen
3. Die Phase des Suchens, des Findens und des Sich-Trennens
4. Die Phase des neuen Selbst- und Weltbezugs

1. Die Phase des Nicht-wahrhaben-Wollens

In dieser Phase wird der Verlust des Menschen verleugnet. Der Trauernde fühlt sich selbst vom Leben abgeschnitten, empfindungslos und ist starr vor Entsetzen. Häufig stehen Menschen in dieser Phase so sehr unter Schock, dass sie meinen, am nächsten Tag wieder aufzuwachen und zu erkennen, dass alles nur ein böser Traum war. Diese Phase ist meistens eher kurz und dauert einige Tage bis wenige Wochen.

2. Die Phase der aufbrechenden Emotionen

Hier wird der Trauernde mit unterschiedlichsten Emotionen konfrontiert. Wut, Zorn, Angstgefühle und Trauer stürzen ihn in ein Chaos unterschiedlichster Gefühle, die ausgehalten werden müssen. In dieser Zeit ist der Betroffene oft ruhelos und leidet unter Schlafstörungen. Hier kann die Suche nach einem »Schuldigen« entstehen, die häufig dem Arzt oder dem Pflegepersonal zugesprochen wird, wenn es sich nicht um einen plötzlichen Tod, wie zum Beispiel einen Herzinfarkt oder Unfall, handelt. Dabei spielt es eine große Rolle, wie die Beziehung zwischen dem Sterbenden und den Zurückgebliebenen war, ob beispielsweise Ungeklärtes, Probleme etc. besprochen werden konnten. Es kann natürlich auch passieren, dass der Hinterbliebene selbst von starken Schuldgefühlen geplagt wird, weil man glaubt, nicht wirklich alles für den Sterbenden getan zu haben. Hier besteht besonders die Gefahr, dass der Trauernde in dieser Phase des Trauerprozesses stecken bleibt. Werden hingegen Gefühle wie Wut und Aggression zugelassen, so kann dies den Trauernden davor bewahren, in ein Gefühl der Depression zu versinken.

Da wir in unserer Gesellschaft aber nicht gelernt haben, unsere Gefühle und insbesondere unsere Trauer offen zu zeigen, ist diese Phase für den Trauernden sehr schwer zu akzeptieren. In manchen Kulturen wird dieser Phase sehr viel Platz eingeräumt, denn nur das wirkliche Zulassen der Emotionen führt in die nächste Trauerphase.

3. Die Phase des Suchens, des Findens und des Sich-Trennens

In dieser Phase wird der Verstorbene bewusst oder »unbewusst« von dem Hinterbliebenen gesucht. Meistens hofft man ihn an Orten zu finden, an denen er sich vorzugsweise aufgehalten hat: in bestimmten Räumen, in von diesem Menschen geliebten Landschaften oder auf Fotos. Häufig kommt es auch zu Fantasien oder dem Nacherleben von Träumen, in denen der Verstorbene erschienen ist und für den Hinterbliebenen wie ein realer Mensch aufgefasst wird, der endlich wieder Kontakt mit ihm aufnimmt und ihm nun Botschaften aus dem Jenseits vermittelt.

4. Die Phase des neuen Selbst- und Weltbezugs

In dieser Phase hat der Trauernde den Verlust akzeptiert. Die vielen Möglichkeiten und die wundervollen Qualitäten, die der Verstorbene bei uns zum Vorschein gebracht hatte, können jetzt weiter gelebt werden, denn sie sind durch den Tod des Menschen ja nicht verloren gegangen. Neue Beziehungen und neue Rollen werden möglich und neue Lebensziele rücken in das Blickfeld des Menschen. Was bleibt, ist die Erfahrung, dass jede Begegnung, jede Beziehung vergänglich ist - und dass man aber mit diesem Bewusstsein das Leben in einer ganz neuen, ja viel intensiveren Qualität erleben kann, als es vor der Erfahrung des Verlustes möglich erschien.

Die vierte Phase des Trauerprozesses zeigt auch, dass das Leben stärker ist als der Tod. So wie es die folgende Geschichte beschreibt.

Das Leben ist stärker als der Tod

Es lebte einst Iskander Sukurna. Er war noch nicht sonderlich alt, aber oftmals krank gewesen und als er merkte, dass der Tod ihn holen wollte, da rief er seine Freunde und sprach zu ihnen: »Meine Zeit ist gekommen und ich werde bald sterben. Wenn ich tot bin, kleidet mich in meinen besten Anzug und legt meinen Körper auf eine Totenbahre. Lasst meine rechte Hand herunterhängen. Dies ist ein Zeichen für meine Mutter, dass ich eines natürlichen Todes gestorben bin, und sie meinen Tod nicht rächen muss.«

Bald schon kam der Tag, an dem Iskander starb. Er wurde in seinen schönsten Anzug gekleidet, auf die Bahre gelegt und seine rechte Hand hing herunter. Man richtete ihm sein Totenlager in seinem Zimmer und schickte nach seiner Mutter, ohne deren Beisein Iskander nicht begraben werden sollte. Als sie kam, sah sie die rechte Hand als Zeichen eines normalen Todes und sprach zu den Freunden: »Auf der Erde ist nichts von Dauer. Alles, was geboren wird, muss auch wieder sterben.« Dann sagte sie mit Tränen in den Augen: »Ich erlaube nicht, dass ihr meinen Sohn jetzt schon beerdigt. Ich werde in seinem Zimmer Totenwache halten.« Sie nahm einen Stuhl und setzte sich ans Kopfende der Totenbahre, um bei ihrem toten Sohn Wache zu halten.

Die Freunde waren besorgt: »Was sollen wir nur tun? Wie lange will die Alte jetzt an seinem Kopfende Wache halten? Wenn die Mutter nicht erlaubt, dass wir Iskanders Körper begraben, wird er bald anfangen zu stinken und zu verfaulen.« Sie konnten nichts machen. Sie hängten über dem Leichnam einen Korb mit Brot, frischem Obst und einem Krug mit Wasser auf. Dann verließen sie den Raum und ließen die Mutter mit dem Verstorbenen allein.

Die Tage kamen und gingen. Der Sommer wurde immer heißer und die Leute im Dorfe fingen an, sich Sorgen um das Wohl der Mutter zu machen. Die Frau hingegen fühlte zuerst nur ihren Schmerz und spürte, wie schwer es ihr eigentlich fiel, zu akzeptieren, dass alles, was kommt, auch gehen muss. Sie nahm sich vor, für immer neben ihrem Sohn sitzen zu bleiben und Wache zu halten, denn sie wusste, dass man den Jungen beerdigen würde, wenn sie die Wache beendete. Aber je länger die Mutter am Totenbett ihres Sohnes saß, desto intensiver spürte sie neben dem Schmerz auch zunehmend Hunger und Durst. Und je länger sie Totenwache hielt, desto größer wurde dieses Verlangen. Zuerst gelang es ihr noch, dieses Gefühl zu unterdrücken, aber mit der Zeit wurde es immer stärker und ihre Aufmerksamkeit war jetzt weniger auf ihre Trauer, sondern mehr auf ihr eigenes körperliches Befinden gerichtet.

Nach einigen weiteren Tagen hob sie ihren Blick vom Leichnam, konnte den Hunger und Durst nicht mehr weiter verdrängen und sah sich im Zimmer um. Da erblickte sie den Korb mit dem Brot, dem Obst und dem Krug mit dem Wasser, das über dem Toten hing. Sie türmte Polster und Decken auf, kletterte hinauf, um an den Korb mit den Lebensmitteln zu kommen. Danach trank und aß sie. Als sie fertig gegessen hatte, öffnete sie die Zimmertüre, ging zu den Freunden des Verstorbenen und sagte: »Ihr könnt meinen Sohn jetzt begraben. Das Leben ist stärker als der Tod!«[29]

Jede Begegnung ist ein Geschenk

MIT JEDEM MENSCHEN VERSCHWINDET,
SEI ER AUCH, WER ER SEI,
EIN GEHEIMNIS AUS DER WELT,
DAS VERMÖGE SEINER
BESONDEREN KONSTRUKTION
NUR ER ENTDECKEN KONNTE,
DAS NACH IHM NIEMAND
WIEDER ENTDECKEN WIRD.

FRIEDRICH HEBBEL

Mir persönlich wurde nach dem Tod meines Lebensgefährten besonders während der vierten Phase des Trauerprozesses deutlich, dass der Verlust auch gleichzeitig ein sehr großes Geschenk beinhaltet. Denn war es nicht schon Grund genug zu danken, dass ich diesem Menschen, mit dem ich eine besonders tiefe Liebe gelebt hatte, überhaupt begegnet war? Diese Begegnung hatte ungeahnte Möglichkeiten in mir entfacht, die mit dem Tod von ihm nicht gestorben waren, sondern in mir weiterlebten. Aber dies zu erkennen und wertzuschätzen, war mir erst möglich, nachdem ich dem Verlust und der Trauer genügend Raum gegeben hatte und ihn entsprechend mit der Hilfe von Ritualen des Trauerns und Phasen des Alleinseins aufgearbeitet hatte.

Rituale des Trauerns

Der Aufbruch zu Neuem hat immer auch mit
Loslassen zu tun –
wir können nicht mit übervollen Händen
auch noch nach etwas Neuem greifen –
und dennoch so viel als möglich
aus dem schon gelebten Leben in die neue
Lebensphase mitnehmen.[30]

Verena Kast

Naturvölker legen sehr großen Wert auf das rituelle Trauern, das heißt auf umfangreiche Abschiedsrituale für den Verstorbenen sowie für den Hinterbliebenen. Bei manchen Ethnien dauern solche Rituale sogar mehrere Tage bis Wochen. Oftmals werden diese Rituale mithilfe eines Schamanen vollzogen, der zum Beispiel die Seele des Verstorbenen ins Totenreich begleitet, um sicherzustellen, dass seine Seele nicht auf Erden weiter umherirrt oder schlimmstenfalls sogar Schaden anrichtet.

Aber auch dem Trauernden wird mit entsprechenden Ritualen der notwendige Raum geschenkt, den er braucht, um diesen so einschneidenden Wandlungsprozess im Positiven zu durchleben. Denn erst wenn ein Mensch den Zyklus des Trauerns, ja des eigenen Sterbens und Neuwerdens abgeschlossen und den anderen vollkommen losgelassen hat, kann er sich wieder mit offenen Händen und mit offenem Herzen für das Leben öffnen. Je bewusster wir uns sind, dass das Leben ein ständiges Geben und Nehmen, ein ständiges Werden und Sterben, ein ständiges Begegnen und Verabschieden ist, desto kostbarer gehen wir mit uns, unseren Mitmenschen und dem Leben an sich um und genießen jeden Tag, als wäre es unser letzter.

Ähnlich schmerzvoll wie der reale Tod eines geliebten Menschen kann auch der Abbruch einer Beziehung für uns sein, Verzweiflung auslösen und unser Selbstverständnis zutiefst erschüttern. Wir müssen denjenigen nicht nur seinen eigenen Weg gehen lassen, sondern ihn meist auch wieder für einen anderen Menschen freigeben. Auch hier müssen wir auf Liebgewonnenes und für uns scheinbar nicht Verzichtbares verzichten und alleine weiterleben. Auch hier müssen wir lernen, den Verlust dieses Menschen gebührend zu betrauern und ihn loszulassen. Unserer selbst wegen. Tun wir dies nicht, verschließen wir uns für die Zukunft und für neue Begegnungen und Beziehungen.

Die folgenden beiden Rituale können Sie dabei unterstützen, in den Prozess des Loslassens einzutreten.

Dankesritual für eine Begegnung

DER TOD IST DER BESTE LEHRMEISTER
FÜR DEIN LEBEN.
ER LEHRT DICH, IM HEUTE FREUDIG ZU LEBEN.

DR. EBO RAU

Das folgende Ritual ist ein kleines »Dankeschön« an den Menschen, den Sie verloren haben. Dabei spielt es keine Rolle, ob er oder sie gestorben ist oder Sie verlassen hat. Vielleicht haben auch Sie ihn verlassen und trotzdem das Gefühl, dass Ihnen etwas fehlt.

Wenn wir uns von einem Menschen trennen, gehen wir oft in Zorn und Streit auseinander. Vergessen sind leider die vielen schönen Stunden und Eigenschaften, die wir an ihm liebten. Holen Sie sich diese Stunden nun wieder in Ihre Erinnerung zurück. Denken Sie an die Eigenschaften, die Sie an diesem Menschen besonders geliebt und geschätzt haben. Versuchen Sie, diese Begegnung als Geschenk zu betrachten. Dann wird Ihr Alleinsein um viele Erfahrungen reicher. Sollte Ihnen jedoch partout nur Negatives aus dieser gemeinsamen Zeit einfallen, dann schreiben Sie die Erfahrungen und Aspekte auf, die Sie nicht mehr in Ihrem Leben haben möchten. Danken Sie diesem Menschen dafür, dass er Ihnen gerade diese Aspekte noch einmal ganz klar vor Augen geführt hat.

Versuchen Sie, sich nach Möglichkeit an mindestens fünf positive Aspekte zu erinnern.

Schreiben Sie diese Punkte auf ein schönes Blatt Papier.

Nehmen Sie dieses Blatt und verbrennen Sie es in einer kleinen feuerfesten Schale.

Schicken Sie während des Verbrennens noch einen Dank an diesen Menschen für all das Schöne, das Sie mit ihm und durch ihn erleben durften.

Das Abschiedsritual

DAS ABSCHIED-NEHMEN
BEGINNT BEI DER GEBURT.

HERMANN LAHM

Auf einer sehr feinstofflichen, für das Auge nicht wahrnehmbaren Ebene sind wir mit allem und jedem in diesem Universum verbunden. Besonders aber mit den Menschen, die eine wichtige Rolle in unserem Leben spielen und die uns nahe sind. Sie kennen wahrscheinlich das Phänomen, dass Sie an einen Menschen denken und fünf Minuten später das Telefon klingelt und genau dieser Mensch am anderen Ende der Leitung ist. Oder: Manchmal befinden wir uns in einem Gespräch und unser Gegenüber spricht genau das aus, was wir gerade gedacht haben.

Es gibt Verbindungen, die ein ganzes Leben lang anhalten können, manche sogar über den Tod hinaus. So kann es passieren, dass ein Mensch, der Ihnen nahe steht, stirbt. Aber trotz seines physischen Todes haben Sie immer noch das Gefühl, dass er anwesend ist. Das kann auf der einen Seite ein sehr schönes, auf der anderen Seite aber auch ein einschränkendes Gefühl sein. Insbesondere zwischen Eltern und Kindern gibt es starke Bindungen, die es dem Kind nach dem Tod der Eltern dann nicht ermöglichen, ein eigenes, selbstständiges Leben zu führen. Dabei ist es egal, wie alt das »Kind« ist. Manchmal erzählen Frauen, dass sie das Gefühl hätten, die verstorbene Schwiegermutter sei auf belastende Weise immer noch da, obwohl sie vielleicht schon seit zehn Jahren tot ist.

Sollten Sie das Gefühl haben, dass Sie energetisch von einem lebenden oder verstorbenen Menschen in Beschlag genommen werden, können Sie das folgende Abschiedsritual durchführen. Es hilft Ihnen dabei, das Alleinsein mit voller Kraft und Energie erleben und genießen zu können.

❒ Schließen Sie die Augen und stellen Sie sich vor, dass Sie alleine in einem großen Kreis stehen, der von einem phosphoreszierenden Gelb eingegrenzt wird. Stellen Sie sich die Grenze ganz deutlich vor.
❒ Visualisieren Sie als Nächstes die verstorbene Person, von der Sie Abschied nehmen möchten. Diese Person steht ebenfalls in einem eigenen Kreis, der umgeben ist von einem gelben Licht.
❒ Bleiben die beiden Grenzen bestehen? Oder löst sich die Grenze des Verstorbenen auf, und er versucht, wieder in Ihren Kreis zu kommen? Oder ist es umgekehrt, sodass Sie seine Grenze nicht akzeptieren und ihn unbewusst nicht gehen lassen wollen?
❒ Wiederholen Sie diese Visualisierung so lange, bis Sie und der Verstorbene beide jeweils im eigenen Kreis stehen und die Grenze der anderen Person vollkommen achten.

Es kann einige Tage, manchmal sogar Wochen dauern, bis diese Abgrenzung vollzogen ist. Aber sie ist sehr wichtig. Denn solange wir noch stark mit den Verstorbenen verbunden sind, können wir uns für neue Beziehungen nicht wirklich öffnen.

Die Trauer über den Tod eines anderen gilt auch uns selbst

HABE TÄGLICH DEN TOD VOR AUGEN;
DAS WIRD DICH VOR KLEINLICHEN GEDANKEN
UND VOR MASSLOSEN BEGIERDEN BEWAHREN.

EPIKUR

Ist die Trauer, die wir über den Tod eines anderen Menschen empfinden, nicht auch ein Ausdruck der Angst vor unserem eigenen Tod? Wird uns mit dem Tod eines anderen Menschen nicht auch wieder die eigene Sterblichkeit bewusst?

Ein Teil der Trauer drückt sicherlich auch einen ganz egoistischen Aspekt aus: nämlich, dass der Tote für uns nicht mehr da ist. Er hat uns verlassen. Oftmals sagen wir, wie schade es für den Verstorbenen war, dass er jetzt schon hat sterben müssen. Aber woher wollen wir wissen, dass der Verstorbene leidet, dass es ihm schlecht geht und dass es schade für ihn ist, weil er ja noch so vieles zu erledigen hatte? Die in diesem Buch bereits genannten Beschreibungen der verschiedenen Totenreiche zeigen doch, dass ein Leben nach dem Tod scheinbar viel angenehmer ist als das oft so mühsame und leidvolle Leben hier auf Erden. Also wäre es doch das Beste, wenn wir uns für den Verstorbenen freuen würden.

Wie sehr wir unbewusst aber die eigene Vergänglichkeit mitbetrauern, wenn ein anderer Mensch stirbt, wird im Folgenden erzählt.

Eine Geschichte über die Trauer

Vor langer Zeit regierte König Brahmadatta in Benares. Zu dieser Zeit wurde ein Bodhisattva in eine sehr reiche Kaufmannsfamilie wiedergeboren. Als er zum Jüngling herangewachsen war, starben seine Eltern, die ihn von ganzem Herzen geliebt hatten. Nach ihrem Tod versorgte der ältere Bruder die Familie, starb aber ebenfalls kurze Zeit später. Die Verwandten, Freunde und Anwohner des Dorfes versammelten sich im Haus des Bodhisattva, um ihrer Trauer rechten Ausdruck zu geben. Sie klagten und weinten und waren vom Leid der Familie tief berührt.

Der Bodhisattva aber war der einzige, der nicht klagte und weinte. Die Verwandten verstanden ihn nicht, hielten ihn für herzlos und sprachen unter sich: »Seht euch nur diesen Menschen an! Seine Eltern sind gestorben und jetzt auch sein Bruder. Und was tut er? Er verzieht nicht einmal den Mund! Wie kalt und hartherzig muss er in seinem Innersten sein! Er denkt wohl nur daran, dass er jetzt alles erben wird! Zu ihm gewandt sprachen die Verwandten: »Du beweinst nicht einmal deinen Bruder?«

Der Bodhisattva wusste, was in den Menschen vorging, und antwortete: »Ihr weint und beklagt den Tod meines Bruders, weil ihr in eurer Verblendung und Torheit die acht weltlichen Eigenschaften nicht kennt. Wird nicht der Tag kom-

men, an dem auch ich sterben werde? Und wird nicht auch ein anderer Tag kommen, an dem ihr selbst sterben werdet? Warum vergießt ihr dann nicht auch Tränen für euch selbst? Und sind die Tränen, die ihr hier vergießt, nicht Tränen über eure eigene Vergänglichkeit? Alles, was entsteht, vergeht. Nichts, was einmal geschaffen wurde, kann auf alle Ewigkeit bestehen bleiben. Soll ich etwa nur deshalb weinen, weil ihr so blind seid und diese Wahrheit nicht erkennt und deshalb weint?«

Und nach diesen Worten sprach er folgende Verse zu seinen Verwandten: »Ihr beklagt nur den, der schon wirklich tot ist. Doch ihr beklagt nicht den, der sterben wird. Alle Wesen, die hier auf dieser Erde wandeln und in Körperhüllen stecken, verlassen nacheinander dieses Leben. Götter, Menschen und Tiere. Aber auch Insekten, die Vogelscharen sowie die mächtigen Schlangen. Sie alle erfreuen sich noch des Körpers, der vergänglich ist. Und für alle wird der Tag kommen, an dem sie aus diesem Leben scheiden müssen.

Wenn einem jedoch bewusst wird, wie unbeständig doch des Menschen Freude und Leid sind, und wenn man bedenkt, wie vergänglich alles ist, dann scheinen Klagen und Weinen nutzlos zu sein. Warum lasst ihr euch vom Kummer erdrücken, statt euch der Vergänglichkeit bewusst zu sein und den Moment zu leben? Die Sünder, die Verbohrten und die Dummen, die glauben, dass sie große, starke Helden sind, sie halten einen weisen Mann für töricht und hartherzig, nur weil sie selbst die Wahrheit nicht erkennen können.«

Mit diesen Worten verkündete der Bodhisattva die Wahrheit von der Vergänglichkeit und befreite die Bewohner des Dorfes aus ihrem Kummer.[31]

Das Leben trägt dich

NICHT DEN TOD SOLLTE MAN FÜRCHTEN,
SONDERN DASS MAN NIE BEGINNEN
WIRD ZU LEBEN.

MARC AUREL

Ob und in welcher Form wir nach dem Tod weiterexistieren werden, wird jede Seele für sich selbst erfahren. Und noch etwas anderes steht fest: Wie lange auch immer wir noch leben – eine Stunde, einen Tag oder viele Jahrzehnte –, die Zeit bis zu unserem Tod lässt sich ganz bewusst und im positiven Sinne nutzen, um Klarheit in unser Leben zu bringen.

Die gewonnenen Erkenntnisse, Geschichten und Meditationen können Sie darin unterstützen, sich immer wieder in den gegenwärtigen Moment zurückzuholen, um das, was gerade hier und jetzt passiert, um das, was ist, vollkommen anzunehmen und als den wichtigsten Moment Ihres Lebens zu erfahren. Ich wünsche Ihnen Wachheit, Freude und Klarheit auf Ihrem einzigartigen Weg.

Doris Iding

Am Ende meines Weges ist ein tiefes Tal.
Ich werde nicht weiter wissen.
Ich werde mich niedersetzen
und verzweifelt sein.

Ein Vogel wird kommen
und über das Tal fliegen,
und ich werde wünschen, ein Vogel zu sein.
Eine Blume wird leuchten
jenseits des Abgrundes,
und ich werde wünschen, eine Blume zu sein.
Eine Wolke wird über den Himmel ziehen,
und ich werde eine Wolke sein wollen.

Ich werde mich selbst vergessen.
Dann wird mein Herz leicht werden.
Wie eine Feder,
zart wie eine Margerite,
durchsichtig wie der Himmel.

Und wenn ich dann aufblicke,
wird das Tal nur ein kleiner Sprung sein
zwischen Zeit und Ewigkeit.[32]

Indianische Weisheit

Anhang

Anmerkungen

1 Dieses Gedicht wurde unmittelbar nach dem Attentat am 11. September 2001 in Umlauf gebracht
2 Nach Aussagen von Walter Hirschberg/Marianne Fries, S. 431, a.a.O.
3 Zit. nach Irina Tweedie: *Der Weg durchs Feuer*. Ludwig, München 2002, S. 546
4 Siehe: *Das Totenbuch der Tibeter* (Hrsg. von Francesca Fremantle, Chögyam Trungpa)
5 Siehe: *Das Totenbuch der Tibeter* (Hrsg. von Francesca Fremantle, Chögyam Trungpa)
6 Wolfgang A. Mozart/Willi Reich: *Briefe*, S. 41, a.a.O.
7 Zitiert nach Irina Tweedie: *Der Weg durchs Feuer*, S. 546, in: Klaus-Dieter Platsch u.a., S. 148
8 Michael von Brück: *Bhagavad Gita*, S. 40, a.a.O.
9 Hazrat Inayat Khan: *Die Seele – Woher und Wohin*, S. 169 a.a.O.
10 Aus: Hartmut Kraft: *Über innere Grenzen*, S. 9, a.a.O.
11 Klaus E. Müller: *Schamanismus*, S. 31, a.a.O.
12 Wie bereits erwähnt, erfolgt die Berufung zum Schamanen generell während der Pubertät. Es gibt aber auch Fälle, in denen Menschen bis gegen Ende des sechsten Lebensjahrzehnts berufen wurden, häufig aber zwischen dem 15. und 30. Lebensjahr. Dies geschieht insbesondere in kritischen Lebenssituationen. Zum Beispiel während der Trauer um den Verlust eines Kindes oder des Ehepartners, wenn der Schmerz den Betreffenden von der Diesseitigkeit ab- und mehr dem Jenseits zuwendet, ihn gleichsam durchlässiger und sensibler für Signale von dort gemacht hat.
13 Die russische Ethnologin Anna Vasil'evna Smoljak scheint auch in jüngster Zeit immer wieder Fälle der Schamanenkrankheit in Russland vorgefunden zu haben. (Klaus E. Müller, *Schamanismus*, S. 52, a.a.O.)
14 Klaus E. Müller, *Schamanismus*

15 Alfred Weil: *Im Spiegel des Todes*, a.a.O. 1995
16 Perry Schmidt-Leukel: *Die Idee der Reinkarnation in Ost und West*, S. 38, a.a.O.
17 Mascha Kaléko: »Memento«, aus: *Verse für Zeitgenossen*, S. 9, rororo, © Eremiten-Presse, Düsseldorf
18 Helmuth von Glasenapp, *Die fünf Weltreligionen*, S. 310, a.a.O.
19 Perry Schmidt-Leukel: *Die Idee der Reinkarnation in Ost und West*, S. 27, a.a.O.
20 Aus einem wissenschaftlichen Aufsatz »Sterben und Tod in Naturvolkkulturen«, Universitäts-Bibliothek München, o.J.
21 Stanislav Grof: *Kosmos und Psyche*, S. 221, a.a.O.
22 Stanislav Grof: *Kosmos und Psyche*, S. 226, a.a.O.
23 Jan Stevenson: *Wiedergeburt*, a.a.O.
24 Bei einer tibetischen Himmelsbestattung wird der Leichnam nicht beerdigt, sondern auf einem Freiluft-Leichenacker beigesetzt, wo ihn die Raubvögel fressen.
25 In: Perry Schmidt-Leukel: *Die Idee der Reinkarnation in Ost und West*, S. 33, a.a.O.
26 Hazrat Inayat Khan: *Die Seele – Woher und Wohin*, S. 121, a.a.O.
27 Aus: Doris Iding: *Der Tod geht um die Welt*, S. 234, a.a.O.
28 Aus: Verena Kast: *Lebenskrisen werden Lebenschancen*, S. 68, a.a.O.
29 Aus: Doris Iding: *Der Tod geht um die Welt*, S. 221, a.a.O.
30 Verena Kast: *Sich einlassen und loslassen*, S. 9, a.a.O.
31 Doris Iding: *Der Tod geht um die Welt*, S. 223, a.a.O.
32 Zeitschrift »Siddharta«, Heft 12, 2002/2, 2003, S. 3

Literatur

Angarowa, Hilde: Estnische Märchen aus: *Märchen von der Bernsteinküste.* Progress Verlag, Moskau 1974

Antonczyk, Edeltraud/Dommach, Christiane: *Was ich bei der Begleitung kranker und sterbender Menschen wissen muss.* Gütersloher Verlagshaus, Gütersloh 2003

Barüske, Heinz: *Isländische Märchen.* Insel Verlag, Frankfurt/Main 1994

Barloewen von, Constantin: *Der Tod in den Weltkulturen und Weltreligionen.* Insel Verlag, Frankfurt/Main 2000

Becker, Hansjakob/Einig, Bernhard/Ullrich, Peter, E.: *Sterben und Tod in Naturvolkkulturen*. Erzabtei St. Ottilien, 1987

Bhagwan Shree Rajneesh: *Mit Wurzeln und Flügeln. Zen-Geschichten*. Wessobrunn 1982

Brück von, Michael: *Bhagavad Gita*. Kösel, München 1993

Chinmoy, Sri: *Veden, Upanishaden, Bhagavadgita*. DG 107. Diederichs Verlag, München 2000

Cipoletti, Maria S.: *Langsamer Abschied: Tod und Jenseits im Kulturvergleich*. Roter Faden zur Ausstellung, Museum für Völkerkunde, Frankfurt am Main

Cleary, Thomas: *Zen-Geschichten. Begegnungen zwischen Schülern und Meistern*. DG 132. Diederichs Verlag, München 1997

Cline, Sally: *Frauen sterben anders. Wie wir im Leben den Tod bewältigen*. Lübbe Verlag, Bergisch-Gladbach 1997

Coelho, Paulo: *Veronika beschließt zu sterben*. Diogenes Verlag, Zürich 2002

Conze, Edward: *Der Buddhismus*. Kohlhammer Verlag, Stuttgart 1995

Dalai Lama XIV.: *Die Freude, friedvoll zu leben und zu sterben*. Droemer Knaur, München 2000

Das Beste Stuttgart: *1000 Fragen an die Heilige Schrift. Neue Einblicke in die faszinierende Welt der Bibel*. Stuttgart 1992

Dass, Ram: *Die Reise geht weiter. Den Krauslauf von Leben und Tod annehmen*. Goldmann Arkana, München 2001

Deutsche Bibelgesellschaft: *Die Bibel*. Luthertext mit Apokryphen. Stuttgart 1985

Doore, Gary: *Gibt es ein Leben nach dem Tod?* Kösel-Verlag, München 1994

Eliade, Mircea/Couliano, Ioan P.: *Handbuch der Religionen*. Artemis & Winkler, Düsseldorf 1997

Elsner, Constanze: *Sterben Nein Danke! Aus dem Leben gegriffen*. Eichborn Verlag, Frankfurt/Main 1986

Epstein, Mark: *Gedanken ohne den Denker. Das Wechselspiel von Buddhismus und Psychotherapie*. spirit fischer Verlag, Frankfurt/Main 1998

Ferrini, Paul: *Ist die Tasse voll ... Ein Kartenset mit 48 Inspirationen*. Aurum Verlag, Bielefeld 2003

Findeisen, Hans/Gehrts, Heino: *Die Schamanen*. Gelbe Reihe 47. Diederichs Verlag, München 1996

Gibran, Khalil: *Der Prophet*. Walter-Verlag bei Patmos, Düsseldorf 2001

Glasenapp von, Helmuth: *Die fünf Weltreligionen*, DG 130. Diederichs Verlag, München 2001

Goler, Brigitte (Hrsg): *Märchen und Mythen der brasilianischen Indianer.* Freiburg im Breisgau 1990

Golemann, Daniel: *Emontionale Intelligenz.* dtv Verlag, München 1997

Grill, Heinz: *Harmonie im Atmen. Vertiefung des Yoga-Übungsweges.* Irisiana/Hugendubel Verlag, München 2000

Grimm, Brüder: *Kinder- und Hausmärchen.* Diederichs Verlag, München 1996

Grof, Stanislav: *Kosmos und Psyche. An den Grenzen menschlichen Bewusstseins.* Krüger Verlag, Frankfurt/Main 1997

Grof, Stanislav: *Totenbücher. Bilder vom Leben und Sterben.* Kösel-Verlag, München 1994

Grof, Stanislav/Halzina Bennett: *Die Welt der Psyche. Neue Erkenntnisse aus Psychologie und Bewusstseinsforschung.* Kösel-Verlag, München 1993

Hetmann, Frederik: »Die Büffel kommen wieder und die Erde wird neu«. *Märchen, Mythen, Lieder und Legenden der nordamerikanischen Indianer.* Diederichs Verlag, München 1999

Hirschberg, Walter/Fries, Marianne: *Neues Wörterbuch der Völkerkunde.* Dietrich Reimer Verlag, Berlin 1998

Holzhausen, Ingrid (Hrsg.): *Weisheit der Völker.* Diederichs Gelbe Reihe 91. Hugendubel, München 1991

Honnefelder, Gottfried: *Lektüre zwischen den Jahren.* Insel Verlag, Frankfurt/Main 1984

Hulpach Vladimir: *Märchen der Indios. Mythen, Märchen und Legenden der Indianer Mittel- und Südamerikas.* Verlag Werner Dausien, Hanau 1977

Hultkrantz, Äke: *Schamanische Heilkunst und rituelles Drama der Indianer Nordamerikas.* DG 112. Diederichs Verlag, München 1994

Iding, Doris: *Bewusstes Atmen.* Südwest Verlag, München 2000

Iding, Doris: *Frauen und Gesundheit. Ethnomedizinische Perspektiven.* Im Auftrag der AGEM mit Christin Gottschalk-Batschkus und Judith Schuler, VWB 1998

Iding, Doris: *Klosterstille.* Ludwig Verlag, München 2004

Iding, Doris: *Rituale fürs Alleinsein.* Königsfurt Verlag, Krummwisch 2003

Iding, Doris: *Der Tod geht um die Welt. Märchen und Mythen rund um den Tod.* Goldmann Verlag, München 2000

Jensen Adolf E: *Mythos und Kult bei Naturvölkern.* dtv wissenschaft, München 1991

Kaiser, Rudolf: *Indianische Heilkunst. Pflanzen, Rituale und Heilungsbilder nordamerikanischer Schamanen.* Herder Spektrum, Freiburg im Breisgau 1996

Kaléko, Mascha: »Memento«, aus: *Verse für Zeitgenossen*, rororo, © Eremiten-Presse, Düsseldorf, 1980

Kalweit, Holger: *Urheiler, Medizinmänner und Schamanen. Lehren aus der archaischen Lebenstherapie.* Kösel-Verlag, München 1987

Kapleau, Philip: *Der vierte Pfeiler des Zen. Der Weg, das Wunderbare im Alltäglichen zu entdecken.* O.W. Barth/Scherz Verlag, München 2004

Kästner, Erich: *Lyrische Hausapotheke.* dtv, München 1988

Kast, Verena: *Abschied von der Opferrolle. Das eigene Leben leben.* Verlag Herder, Freiburg im Breisgau 2003

Kast, Verena: *Lebenskrisen werden Lebenschancen. Wendepunkte des Lebens aktiv gestalten.* © Verlag Herder, Freiburg im Breisgau, 3. Auflage 2003

Kast, Verena: *Der schöpferische Sprung. Vom therapeutischen Umgang mit Krisen.* dtv, München 1989

Kast, Verena: *Sich einlassen und loslassen. Neue Lebensmöglichkeiten bei Trauer und Trennung.* © Verlag Herder, Freiburg im Breisgau, 14. Auflage 2004

Kast, Verena: *Vom Sinn der Angst. Wie Ängste sich festsetzen und wie sie sich verwandeln lassen.* Verlag Herder, Freiburg im Breisgau 2000

Keyserlingk von, Linde: *Da war es auf einmal so still. Vom Tod und Abschiednehmen.* Herder, Freiburg im Breisgau 2001

Khan, Hazrat Inayat: *Die Seele – Woher und Wohin,* Verlag Heilbronn, Weinstadt 2003

Klaus, Rosemarie: *Märchen der Athapasken. Der böse Geist des Niagarafalls. Indianermärchen.* Holz, Berlin 1960

Knappert, Jan: *Lexikon der indischen Mythologie.* Heyne Verlag, München 1994

Konitzky, Gustav A.: *Diederichs Märchen der Weltliteratur: Märchen der nordamerikanischen Indianer.* Rowohlt, Reinbek 1992

Kornfield, Jack: *Buddhas kleines Weisungsbuch.* Droemer Knaur, München 2001

Kornfield, Jack: *Offen wie der Himmel, weit wie das Meer. Worte*

der Weisheit für Vergebung und Frieden. Kösel-Verlag, München 2003
Kraft, Hartmut: *Über innere Grenzen: Initiation in Schamanismus, Kunst, Religion und Psychoanalyse.* Diederichs Gelbe Reihe, 117. Diederichs im Heinrich Hugendubel Verlag, Kreuzlingen/München 1995
Krause, Hans O./Mackensen, Götz: *Lebende Tote. Totenkult in Mexiko.* Eichborn Verlag, Frankfurt/Main 1986
Kroeber-Wolf, Gerda: *Lebendiges vom Tod.* Museum für Völkerkunde Frankfurt am Main
Kübler-Ross, Elisabeth: *Befreiung aus der Angst*. Gütersloher Verlagshaus, Gütersloh 1992
Kübler-Ross, Elisabeth: *Leben bis wir Abschied nehmen.* Mit 80 Fotos von Mal Warshaw. Kreuz Verlag, Stuttgart 1990
Kübler-Ross, Elisabeth: *Das Lesebuch.* Kreuz Verlag, Stuttgart 2003
Leiter Karin E.: *Ach wie gut, dass jemand weiß ... Trauerbegleitung mit Märchen.* Tyrolia Verlag, Innsbruck 1996
Levine, Stephen: *Als hungriger Geist geboren. Höhen und Tiefen einer spirituellen Entwicklung*. Kösel-Verlag, München 2003
Levine, Stephen: *Geleitete Meditationen. Orientierung und Heilung.* Kamphausen Verlag, Bielefeld 1995
Levine, Stephen: *Sein lassen. Heilung im Leben und im Sterben.* Kamphausen Verlag, Bielefeld 2001
Levine, Stephen: *Wege durch den Tod.* Kamphausen Verlag, Bielefeld 1997
Lewis, Dennis: *Das Tao des Atmens. Die belebende und heilende Kraft der natürlichen Atmung.* Ariston Verlag, München 1997
Litten, Margot: *Vom Abschied.* Insel Verlag, Frankfurt/Main 1987
Lothrop, Hanna: *Gute Hoffnung – jähes Ende*. Kösel-Verlag, München 2002
Maharshi; Ramana: *Sei, was du bist!* Hrsg. von David Golemann. O.W. Barth/Scherz Verlag, München 1990
Mehlig, Johannes: *Buddhistische Märchen.* Insel Verlag, Frankfurt/Main 1992
Mischke, Marianne: *Der Umgang mit dem Tod. Vom Wandel in der abendländischen Geschichte.* Reimer Verlag, Berlin 1996
Mooren, Thomas: *Die vertauschten Schädel. Tod und Sterben in Naturreligionen, Hinduismus und Christentum.* Patmos Verlag, Düsseldorf 1998

Mozart, Wolfgang A./Reich, Willi: *Briefe*. Manesse, München 1991
Müller, Klaus E.: *Schamanismus*. Beck, München 1997
Müller, Paul Emanuel: *Märchen zeigen Wege. Leben, Tod und Wiedergeburt.* Aristion Verlag, München 1996
Nauwald, Nana: *Der Flug des Schamanen. Schamanische Märchen und Mythen*. Binkey Kok, Havelte NL 2004
Nuland, Sherwin B.: *Wie wir sterben. Ein Ende in Würde*. Droemer Knaur Verlag, München 1996
Osho: *Der Höhepunkt des Lebens*. Osho Verlag, Köln 1994, S. 55
Osho: *Das Orangene Buch*. Osho Verlag, Köln 1994
Osho: *Über Leben und Sterben*. Lotos/Integral Verlag, München 2003
Palmer, William R.: *Why the North Star stands still*. Hrsg.: The Zion Natural History Association, Zion National Park, Springdale Utah 84767, 1973
Pfleiderer, Beatrix/Greifeld, Katarina/Bichmann, Wolfgang: *Ritual und Heilung*. Dietrich Reimer Verlag, Berlin 1995
Platsch, Klaus-Dieter u.a.: *Tod und Sterben. Ein Geschmack der Ewigkeit*. Edition Windschnur. Tagungsreihe »Medizin und Spiritualität«, Faueninsel/Chiemsee 2003
Remmler, Helmut: *Der Königssohn, der sich vor nichts fürchtet. Weisheit im Märchen*. Kreuz Verlag, Stuttgart 1997
Rilke, Rainer Maria: »Das Buch der Bilder«. *Werke in drei Bänden, Band I*. © Insel Verlag, Frankfurt/Main 1966
Rilke, Rainer Maria: »Das Stunden-Buch«. *Werke in drei Bänden, Band I*. © Insel Verlag, Frankfurt/Main 1966
Rinpoche, Sogyal: *Das tibetische Buch vom Leben und Sterben*. O.W. Barth/Scherz Verlag, München 2003
Rinpoche, Nawang Gehlek: *Leben ist Sterben. Sterben ist Leben. Das Vermächtnis eines großen tibetischen Meisters*. Ansata Verlag, München 2002
Ritter, Mechthild: *Wenn ein Kind stirbt. Ein Begleiter für trauernde Eltern und Geschwister*. Kreuz Verlag, Stuttgart 2003
Schimmel, Annemarie: *Rumi. Ich bin Wind und du bist Feuer*, DG 20. Diederichs Verlag, München 2003
Schmidt-Leukel, Perry: *Die Idee der Reinkarnation in Ost und West*. Diederichs im Heinrich Hugendubel Verlag, Kreuzlingen/München 1996
Schwab, Gustav: *Die schönsten Sagen des Klassischen Altertums*. Verlag Carl Überreuter, Wien 1949

Schweer, Thomas: *Stichwort Hinduismus*, Heyne Sachbuch Nr. 19 4042. Heyne, München 1994
Sproul, Barbara C.: *Schöpfungsmythen der östlichen Welt.* Diederichs Gelbe Reihe Nr. 101. Diederichs Verlag, München 1993
Stevenson, Ian: *Reinkarnation. Der Mensch im Wandel von Tod und Wiedergeburt.* Aurum, Braunschweig 2003
Stevenson, Ian: *Wiedergeburt. Kinder erinnern sich an frühere Erdenleben.* Aquamarin, Grafing 1989
Stöckli, Rainer: *Zeitlos tanzt der Tod.* UVK Kulturgeschichte, Konstanz 1996
Susuki, Shosan: *Du wirst sterben. Der Zen-Krieger II.* Angkor Verlag, Frankfurt/Main 2001
Tausch-Flammer, Daniela/Bickel, Lis: *Wenn Kinder nach dem Sterben fragen.* Herder Verlag, Freiburg im Breisgau 2000
Tedlock, Dennis/Tedlock, Barbara: *Über den Rand des tiefen Canyon. Lehren indianischer Schamanen.* Diederichs Gelbe Reihe DG 17. Diederichs Verlag, München 1994
Tetzner, Lisa: *Die schönsten Märchen der Welt für 365 und einen Tag.* Gesammelt und herausgegeben von Lisa Tetzner, Band IV. Büchergilde Gutenberg, Frankfurt/Main 1953
Thich Nhat Hanh: *Aus Angst wird Mut. Grundlagen buddhistischer Psychologie.* Theseus Verlag, Berlin 2003
Thich Nhat Hanh: *Kein Werden, kein Vergehen. Buddhistische Weisheiten für ein Leben ohne Angst.* O.W. Barth/Scherz Verlag, München 2003
Thich Nhat Hanh: *Das Wunder der Achtsamkeit.* Theseus Verlag, Berlin 2002
Thiel, Josef Franz: *Grundbegriffe der Ethnologie.* Reimer Verlag, Berlin 1983
Tilmann, Barbara/Iding, Doris: *Erkennen, was krank macht.* Kösel-Verlag, München 2003
Tolle, Eckhart: *Jetzt! Die Kraft der Gegenwart. Ein Leitfaden zum spirituellen Erwachen.* Kamphausen Verlag, Bielefeld 2000
Tolle, Eckhart: *Jetzt! Die Kraft der Gegenwart. Ein Leitfaden zum spirituellen Erwachen. 52 Inspirationskarten.* Kamphausen Verlag, Bielefeld 2003
Das Totenbuch der Tibeter (Hrsg. von Francesca Fremantle/Chögyam Trungpa). Diederichs, München 1999
Troll, Pyar: *Poesie der Stille – Tanz des Lebens. Anleitungen zum Da-Sein.* Kamphausen Verlag, Bielefeld 2002

Troll, Pyar: *Reise ins Nichts. Geschichte eines Erwachens.* Kamphausen Verlag, Bielefeld 2000

Trossero, René Juan: *Stärker als Trauer ist die Liebe. Ein Wegbegleiter.* Herder Verlag, Freiburg im Breisgau 2003

Tweedie, Irina: *Der Weg durchs Feuer.* Ludwig Verlag, München 2002

Viseux, Dominique: *Das Leben nach dem Tod in den großen Kulturen,* DG 109. Diederichs Verlag, München 1994

Weil, Alfred: *Im Spiegel des Todes. Beiträge zu Tod und Sterben aus buddhistischer Sicht.* Deutsche Buddhistische Union, München 1995

Wetzel, Sylvia: *Leichter leben. Praktische Meditationen zum Umgang mit Gefühlen.* Theseus Verlag, Berlin 2002

Wilber, Ken: *Mut und Gnade. In einer Krankheit zum Tode bewährt sich eine große Liebe.* Goldmann Verlag, München 1996

Woeller, Waltraud: *Deutsche Volksmärchen.* Insel Verlag, Frankfurt/Main 1992

Wulff, Juan Hartwig: *Totenkult der Naturvölker des Südlichen Südamerikas,* Hamburg o.J.

Kontakt

Wenn Sie weiter gehende Fragen zum Thema Tod und Trauer haben, an Meditationen oder Yoga-Kursen interessiert sind, wenden Sie sich bitte an die Autorin. Anfragen an den Verlag oder direkt per E-Mail unter: doid@gmx.de